人は死んでもまた会える

ひろさちや

青春新書
PLAYBOOKS

はじめに

わたしたちは、死んでしまった人とどのように付き合えばよいのでしょうか……?

死んでしまった人は、もうこの世にはいません。だから、死者と付き合うなんてことはできないではないか?! きっとそう言われる人がおいでになります。

でもね、ちょっと考えてみてください。あなたには、死者に対する思い出があるでしょう。いい思い出もあれば、悪い思い出もあります。忌《いま》わしい思い出もあれば、忘れてしまいたい思い出もあります。美しい思い出もあれば、大事にしたい思い出もあります。

あなたはそれらの思い出をどのように処理していますか? その処理の仕方が、いわば死者との付き合いです。

では、わたしたちは、死者とどのように付き合えばよいのでしょうか?

これはむずかしい問題です。

いろんなケースがあります。幼稚園児のわが子が交通事故で死んでしまったような場合。酒が大好きだった父親の死。痴呆症の姑《しゅうとめ》の死。看病に疲れた嫁は、

「お義母《かあ》さん、早く死んでくればいいのに……」

と、ちらりとそんな気持ちになったこともあります。しかし、誰もその嫁を責めることはできません。一瞬の邪念を振り払って、彼女は一生懸命、お姑さんの面倒を見たのです。その彼女は、亡くなったお姑さんとどのように付き合えばよいのでしょうか？

誰もが死者に対して、その人が生きているあいだに言っておきたかった言葉を持っています。

「おやじ、ありがとうよ」

「お母さん、ありがとう」

「すまなかった」

「わたしがまちがっていました」

……そんな簡単な言葉が、口にできなかったのです。いまになってそれを伝えたいと思うのですが、もう「あの人」はこの世にいません。どうすればよいのでしょうか……？

安心してください。あなたは「あの人」に、もう一度会うことができます。あなたが「あの人」に再会したとき、あなたが言いたかった言葉を伝えればよいのです。

＊

どこで会えるのか？　お浄土において、です。

「あの人」は、すでにお浄土に往《い》かれました。そしてあなたは、いずれお浄土に往きます。そのお浄土において、あなたは「あの人」と再会します。

お浄土は仏がおられる世界です。だから、お浄土に往けば、みんな仏の教えを学んで、やさしい心になっています。それ故、お互いに赦《ゆる》し合うことができます。あなたが「すみませんでした」と言えば、きっと「あの人」は、「いいえ、あなたばかりが悪いんじゃないのよ。謝らねばならないのは、むしろ、わたしのほうよ」と言ってくれます。心と心が通じ合います。それがお浄土なんです。

この世においては、なかなか心が通じ合いませんね。お互いに善意でありながら、なおかつ対立せざるを得ない。それがこの世の宿命です。だから「あの人」に、「ありがとう」「すみませんでした」と率直に言うことができなかったのです。

でも、お浄土に往けば、心と心が通じ合います。それを信じて、あなたが「あの人」に言いたいことばを取って置きましょう。

いまは何もする必要はありません。やがてあなたが「あの人」に再会する、その日の来るまで待っていればいいのです。

＊

本書でわたしが言いたいのは、このことです。

——お浄土で　再び会える　あの人に——

これが本書のメイン・テーマです。これが仏教の教えだということを、わたしはさまざまな文献によって立証しました。この仏教の教えを知って、読者が心の平安を得てくださればば幸いです。

合掌

ひろさちや

人は死んでもまた会える　目次

1章

ブッダは「旅立ちの後」をどう考えていたのか

2章

負い目から解放される再会の世界

3章
生まれ故郷から来て、帰る

4章 わたしたちは、何のために生きているのか

5章 人は死んでもまた会える

1章

ブッダは「旅立ちの後」をどう考えていたのか

背負った「負い目」をどうすればよいか

それにしても、どうやらわたしたちは、たいていの人が死者に対して一種の「負《お》い目」を感じているのではないでしょうか。

負い目というのは負債です。生前、あの人にもっと親切にしてあげるべきであった。あの人は苦しんでいたのに、わたしは冷たく傍観していた。済まない。申し訳ない。そういった気持ちです。死者に対して「借り」の気持ちがあるのです。

あるとき、仏教講演会でわたしが講演したとき、聴衆からこのような質問を受けました。

「わたしの夫はがんで死んだのですが、わたしはおろおろするばかりで、夫に何もしてあげられなかった。済まなかったという気持ちでいっぱいなんです」

彼女は夫に負い目を感じているのです。

その負債をどうすれば返済できるか？　それを彼女は訊《き》きたいのです。

しかし、講演後の質疑応答の時間ですから、あまり詳しくは話せません。わたしはこう答えました。

「あなたはすばらしいことを夫にしてあげたのですよ。夫ががんになって、あなたは〝おろおろ〟された。おろおろするのは愛情があるからですよ。おろおろは愛情表現なんです。きっとあなたのご主人は喜んでおられますよ。安心していいですよ」

彼女はそのわたしの回答に、「よく分かりました。ありがとうございました」と満足したようです。

ところが、この話には後日談があります。

約一か月後、講演会の主催者を介して、わたしのところに別の女性から抗議の手紙が送られて来ました。

――ひろさちやはひどい男だ。わたしに、夫に対する愛情がないと言った。わたしも夫をがんで亡くしたが、わたしはおろおろしなかった。わたしには未成年の子どもが三人もおり、おまけにお姑《しゅうとめ》さんまで抱えている。わたしがおろおろしていたら、一家は路頭に迷ってしまう。だからわたしはおろおろなんかせず、一生懸命働いた。ひろさちやは、そういうわたしを夫に対する愛情がないと責める。怪《け》しからん男だ――

そういう主旨の手紙でした。

読者には、彼女がわたしの発言を誤解していることはお分かりですよね。わたしは、「おろおろするのは愛情があるからだ」と言いましたが、「おろおろしないのは愛情がない」とは言っていません。でも、これはよくある誤解なんです。論理学の授業では、

「風が吹けば、花が散る」

という命題から、「花が散っていなければ、風は吹いていない」と推定できますが、「風が吹いていないときは、花は散らない」と推定してはいけないということを教わります。なぜなら、風が吹いていなくても、誰かが樹をゆさゆさと揺すれば、花が散るからです。

したがって、

「おろおろするのは、愛情があるからだ」

という命題から、「おろおろしないのは、愛情がない」という結論は出てきません。彼女は論理学の初歩的な誤りをしているのです。

でも、まあ、そんなことを言っても、彼女は納得しないでしょう。だからわたしは、彼女の抗議には、何の反論も弁明もしないでおきました。

◉妻・子に先立たれた人の負い目

ともあれ、わたしたちは死者に対して負い目を感じています。

〈わたしは、ただおろおろするばかりで、あの人に何もしてあげられなかった〉と思って、じくじく悩んでいる人がいます。

そうかと思えば、〈わたしはおろおろしなかった。わたしは冷たい人間だろうか……?!〉と考えて、後ろめたい気持ちでいる人がいます。わたしを攻撃した女性も、死んだ夫に対して一種の負債を持っていました。その負い目の故に、わたしを攻撃したのです。彼女が死者（夫）に対して負い目を持っていなければ、おろおろした女性を慰めるために言ったわたしの言葉に反撥《はんぱつ》する必要はありません。

妻に先立たれた夫もまた、死者に対して負い目を感じています。

平均寿命からすれば、夫のほうが妻よりも先に死にます。また、普通は夫のほうが年上です。それでも、妻が夫に先立つケースがないわけではありません。そして、妻に先立たれた夫は、まるで後追いするかのごとく、すぐに死んでしまうそうです。そんな統計があるわけではありませんが、巷間ではそう言われています。反対に、夫を先に亡くした未亡人は、いつまでも元気でいるようです。これも巷の評判です。

それから、わが子に死なれた親の嘆き・悲しみは大きいですね。とくに嬰児《えいじ》・幼児の段階でのわが子の死は、親に監督責任がありますから、死者に対する負い目が大きくなります。

〈わたしがもう少し気をつけていれば、あの子は死なずに済んだのに……〉

そんなふうに負い目を感じている親が大勢います。

わたしたちは多かれ少なかれ、死者に対して負い目を感じています。誰もが負い目を感じている。では、それをどうすればよいでしょうか？

どうすればよいかと問われて、こうすればよいといった、そんな処方箋はありません。

◉「戒名、お墓、年回法要」は、すべて無駄

ところが、現在の日本には、「死者に対してこうしてあげなさい」「お墓を作ってあげなさい」「戒名をつけてあげなさい」「年回法要を営んであげなさい」と、そんなインチキ処方箋を説く人がごまんといます。そういう人は、そうしたインチキ処方箋で金儲けをしている人々です。

だから、あなたがそういう処方箋を真に受けて、死者に立派な戒名をつけてもらい、立派なお墓を作り、三回忌・七回忌の年回法要を営んでも、死者に対する負い目はなくなりません。やりたければやってもいいですが、まあ無駄なことだと思ってください。

よく考えてください。普通にしていると、死者に対する負い目は、やがて消えてなくなります。いくら落ち込んでいても、三年もすれば、たいていの人は元気になりますよ。わたしは、それを**「日《ひ》にち薬」**と呼んでいます。日にちがたてば、歳月がたてば、自然に恢《かい》復《ふく》するのが日にち薬です。処方箋を書くとすれば、日にち薬にまかせたほうがよさそうです。

そこで、「ではどうすればよいでしょうか？」といった問いに対するわたしの回答は、

――負い目を返済しようとするな！――

になります。負い目を返済しようとしても、返済は不可能です。だって、借金の返済は、受け取ってくれる人がいるからできるのです。死者となって、この世にいない人に、返金はできませんよ。

だから、負い目を返済しようとしてはいけないのです。

これが本書の結論です。以下でこの結論をじっくりと検討してみましょう。そうするとあなたは、ご自分がどのようにすればよいかが分かるでしょう。期待していてください。

「葬式仏教」では癒されない

『旧約聖書』に登場するダビデは、イスラエル王国第二代の王で、在位は紀元前一〇〇〇年から同九六〇年ごろ。したがって、いまから三千年ほど前の人物です。

彼は美しい容姿であり、琴の名手で、弁舌に秀《ひい》で、勇敢な戦士で、まこと文武両道の人でした。南北に分かれていたイスラエル王国を統一し、エルサレムを聖都と定め、神殿建設に着手したこの王は、「王の理想」とされています。

でも、このダビデ、相当のワルなんです。

彼は、自分の部下の戦士ウリヤの妻バト・シェバに懸想《けそう》し、夫が戦場に出ている留守にバト・シェバと浮気しました。

そしてバト・シェバは妊娠します。

するとダビデは、戦況報告のためという名目で、夫のウリヤを戦場から呼び戻し、そのあと家に帰って妻と寝させようとしました。

ところがウリヤは、仲間が戦場で苦労しているのに、自分だけが妻と寝るわけにはいかないと言って、家に帰りません。それじゃあ、生まれた子は不義の子と分かってしまうので、ダビデは困ります。それでウリヤを戦場に戻し、司令官に命じて彼が戦死するように仕向けました。

そして、ウリヤが戦死したあと、その喪が明けると同時に未亡人のバト・シェバを妻に迎えました。

ね、ダビデは相当のワルでしょう。

だが、神は、このダビデの悪を許されるはずがありません。

神は、ウリヤの妻のバト・シェバが産んだダビデの子を病気にされました。不義の子は死に瀕《ひん》したのです。

そこでダビデは、断食して神に祈りました。七日間、夜を徹して祈りました。

だが、その子は七日目に死んでしまいました。

家臣たちは、その子の死を王に伝えてよいかどうか、迷います。断食してまで祈っている姿を見れば、その子の死を知ったとき、王がどうなるか心配だからです。

ところが、ダビデのほうは、家臣たちの様子から、わが子の死を察知しました。

「あの子は死んだのか？」

「お亡くなりになりました」

その返事を聞くと、ダビデは身を洗って香油を塗り、衣を替え、神殿に詣でて礼拝し、王宮に戻ると、命じて食べ物を用意させ、そして食事をしました。『旧約聖書』の「サムエル記・下」はそう伝えています。

祈りをやめて、さっさと食事をしちゃう。なんと現金な……と、読者は思われるかもしれません。

だが、ダビデはこう言っています。

「子がまだ生きている間《あいだ》は、主がわたしを憐れみ、子を生かしてくださるかもしれないと思ったからこそ、断食して泣いたのだ。だが死んでしまった。断食したところで、何になろう。あの子を呼び戻せようか。わたしはいずれあの子のところに行く。しかし、あの子がわたしのもとに帰って来ることはない。」

子どもが死んだのはダビデの責任です。母親のバト・シェバも不義密通をしたのだから、責任があります。子どもに責任はありません。だから子どもの死に、両親は負い目を感じています。その負い目の故に、ダビデは断食して神に祈りました。

だが、子どもは死んでしまった。

死んでしまった以上、どうしようもありません。何をやっても、負い目は返せないのです。

ならば、断食なんかやめにして、さっさと食事をしよう。ダビデはそう言っています。

なんとすごい理窟ですよね。こんな態度を見せられたら、神は怒られるであろう。たぶん読者はそう思われるでしょう。

ところが、さにあらず、神はむしろダビデを是《ぜ》とされるのです。「サムエル記・下」は次のように続けています。

ダビデは妻バト・シェバを慰め、彼女のところに行って床を共にした。バト・シェバは男の子を産み、ダビデはその子をソロモンと名付けた。主はその子を愛され、預言者ナタンを通してそのことを示されたので、主のゆえにその子をエディドヤ（主に愛された者）とも名付けた。

神はダビデを赦《ゆる》し、死んだ子の代りにもう一人の子どもソロモンを授けられたのです。神はダビデの考え方を是としておられます。

いいですか、わたしたちがいくら嘆いても、死んだ子が生き返るわけがないのです。わたしたちは死者に負い目を感じます。たしかにダビデの場合、子どもが死んだのは彼の責任です。ダビデに負い目があります。それはそうですが、よく考えてみれば、子どもを死なせたのは神です。

ならば、神のなされたことに、わたしたちは文句を言ってはいけません。死んだ子は神にまかせておけばいい。そして、さっさと次の子どもをつくればよい。それがユダヤ教の論理です。わたしは、ここのところをそのように解釈しています。

◉真の仏教はどう教えているか

わたしたち日本人は、大半の人が仏教徒です。真に仏教徒と言える人は少ないでしょうが、まあ、いちおうは仏教徒になります。だから、キリスト教やユダヤ教、イスラム教の考え方を書いても、あまり参考にならないかもしれません。

ところが、困ったことに、現在の日本の仏教は、真の仏教ではありません。日本の仏教は「葬式仏教」になっています。

仏教のお坊さんの仕事は、ただ葬式と法要を勤《つと》めるだけ。そして、お坊さんの関心はいかに立派な葬式を営むか、そのための理論武装です。

「みなさんがこのように鄭重《ていちょう》な年回法要をされて、きっと故人も喜んでおられますよ」

そう語られたお坊さんがいました。嘘をつくのもいい加減にしてください。死者が喜んでいるか／悲しんでいるか、どうしてあなたに分かるのですか?!　お坊さんはまるで霊能力者です。

わたしがこのように書けば、「しかし、なかには立派なお坊さんもおられる。全部が全部のお坊さんが堕落しているわけではない」といった反論があるでしょう。そうです、日本のお坊さんの全員が葬儀社の社員と等しいわけではありません。なかにはちゃんと真の仏教の教えを説いておられる人もおいでになります。

けれども、傾向としては日本の僧侶は大部分が「葬式仏教」の広報担当者であって、真の仏教の教えを説かずに、ただただ葬儀の重要性ばかりを説いておられます。

それじゃあ、困るんです。

葬式仏教の広報担当者の言うことを信じて、荘厳な葬儀を営み、故人に戒名をつけ、年回法要

を鄭重に営んでも、それでわたしたちの死者に対する負い目はなくなりません。

そんなことをすればするほど、ますます負い目が重く感じられます。むしろ、何もしないでいるほうが、時間とともに、自然に負い目がなくなります。忘れることができるのです。

つまり、葬式仏教ではダメなんです。

わたしたちは、真の仏教の教えを学ばねばなりません。

では、本当の仏教は何を教えているでしょうか?

それを知るために、キリスト教やユダヤ教、イスラム教といった他の宗教との比較をしようと思います。他の宗教と比較しながら、仏教は、死者に対する負い目をどのように軽減させようとしているかを考察することにします。

世界の三大宗教はどう考えたか

わたしは、亡くなった両親や妻や夫、わが子、兄弟姉妹、友人・知人と、死後の世界において再び会うことができると信じています。

だから亡くなった人と再会したとき、この世で言い足りなかったお礼と感謝の言葉、お詫《わ》びと謝罪の言葉を言えばよいのです。本書において、わたしはそのようなことを論じたいと思っています。

ところで、われわれが亡くなった人と死後の世界で再会できるということを分かっていただけるためには、仏教やキリスト教、ユダヤ教、イスラム教といった宗教が死後の世界をどう考えているかを知る必要があります。

そこで最初に、宗教は人の死後についてどう考えているかを考察することにします。

◉キリスト教の堕落と宗教改革

キリスト教やユダヤ教、イスラム教には、「神の審判」といった概念があります。人間が死んだら、神——ゴッド・ヤーウェ・アッラー——の裁きにかけられ、善人は天国に、悪人は地獄に堕《お》とされる、というのがこれらの宗教の特色です。

ところで、ここで日本人は短絡的に、

天国は……神の国
地獄は……悪魔の国

と考えてしまうのですが、それは大きなまちがいです。

なぜなら、天国行きか／地獄行きかを決められるのは神であって、天国も地獄も、ともに神の権限の下にある土地です。つまり、神はご自分の土地を二つに分割され、一方を善人を収容する土地、もう一方を悪人を収容する土地とされたのです。したがって、天国も地獄も神の土地なんです。

ということは、死者はみんな神の土地、すなわち神の主権が及ぶ土地にいるのであって、その領域に人間の権限は絶対に及びません。したがって、わたしたちが死者のために何かをしてあげようと考えることは、神の主権を侵すことになります。してはいけないことなんです。

もっとも、キリスト教も、ときには堕落します。原理的に考えれば、キリスト教徒であるすべての死者はゴッドの権限の下にあるのですから、人間は死者を放っておくよりほかない。でも、それじゃあ聖職者である神父の存在理由、利益がありませんから、教会はうまい理論を考えました。それは、神父には、

――神への執《と》り成《な》しをする権限――

があるというのです。神父に執り成し、取次を頼めば、あなたは天国のほうに行けますよ、というのです。そして執り成しをしてやるから、教会が発行する免罪符を買えと信者に売り付け、利益を上げました。

そのようなカトリック教会の堕落を非難・攻撃し、プロテスト（抗議）したのが、ドイツのマルチン・ルター（一四八三―一五四六）やフランスのジャン・カルヴァン（一五〇九―六四）です。彼らによって宗教改革がなされ、そしてプロテスタント諸教会が生まれたことは読者もよくご存じだと思います。わたしが思うには、いま日本の仏教にも宗教改革が必要ではないでしょうか。

◉イスラム教の考え方

イスラム教の神学に、こんな難問があります。

三人の男の兄弟がいました。

長男は長生きをし、善行をいっぱい積んで、死後、天国の最上層に行くことができました。

だが、次男は若死にをし、そのためあまり善行を積んでいなかったので、死後、天国に行くことは行けたのですが、天国の下層でした。

三男は悪行をやって地獄に堕《お》ちました。

そこで次男が、神に文句を言います。

「神よ、わたしを長生きさせてくだされば、わたしも長男のように数多くの善行を積んで天国の最上層に行けたのに、なぜわたしを若死にさせたのですか?!」

「いや、おまえを長生きさせると、おまえは悪いことをするようになる。その結果、おまえは地獄に堕ちる。そこでおまえが地獄に堕ちないように、わしは慈悲でもっておまえを若死にさせてやったのだ」

神のその言葉を聞いて、こんどは三男が神に喰ってかかりました。

「神よ、それじゃあ、どうしてわたしを若死にさせてくださらなかったのですか?! 若死にしていれば、こうして地獄に堕ちずに済んだのに……」

この三男のクレームに、神はどう答えればよいのでしょうか……?

むずかしい問題です。わたしも一生懸命考えてみましたが、答えが出ません。

ですが、この問題は、答えを求めているのではないのです。

――神のなされることは、人間には分からない――

そのことを分からせるための神学の問題だと思います。ですからわたしたちは、これに対して、

「分かりません」

と答える。それが正解だと思います。

長男は善行を積んで天国の特等席に行くことができた。しかし、いったい善行とは何か? それはわたしたちには分からないのです。会社でまじめに働く。われわれはそれが善だと思っていますが、資本主義社会において経済が成長すれば、それだけ地球の資源は減少し、環境が破壊されます。ひょっとすれば、資本主義社会において、勤勉は悪かもしれないのです。長男はこの世で怠けていたので天国の特等席、三男は大企業で勤勉に働いたから地獄。神はそういう判断をされたのかもしれません。

われわれ人間には、神の判断は分からないのです。「分かりません」がよく分かったこ

となるかもしれない。
だから、死者のことは放っておいてかまいません。いや、放っておくべきです。死者はすでに神の支配下にあるのですから、わたしたちが死者に対して何かをしてあげようとすることは、神の権限を侵していることになります。

――死者のことは、神におまかせする――

それが、キリスト教、ユダヤ教、イスラム教の考え方です。
これらの宗教は一神教です。一神教というのは、神の絶対的な権限を認める宗教です。そこでは、人間がしゃしゃり出る余地はありません。もしもあなたがのこのことしゃしゃり出れば、たちまちあなたは神の怒りに触れるでしょう。おやめなさい、おやめなさい。

◉仏教の考え方

仏教においては、わが国の浄土真宗の開祖の親鸞《しんらん》（一一七三―一二六二）が次のように言っています。

念仏は、まことに浄土にむまる丶たねにてやはんべらん、また地獄におつべき業《ごう》にてやはんべるらん。惣《そう》じてもて存知《ぞんじ》せざるなり。たとひ法然上人にすかされまひらせて、念仏して地獄におちたりとも、さらに後悔すべからずさふらう。そのゆへは、自余《じよ》の行もはげみて仏になるべかりける身が、念仏をまふして地獄にもおちてさふらはゞこそ、すかされたてまつりてといふ後悔もさふらはめ。いづれの行もおよびがたき身なれば、とても地獄は一定すみかぞかし。

（『歎異抄』第二段）

〔お念仏をしてほんとうにお浄土に生まれることができるか、それとも地獄に堕《お》ちる業となるか、そんなことにわたしは関心がない。よしんば法然上人にだまされて、念仏した結果地獄に堕ちたとしても、わたしに後悔はない。なんとなれば、念仏以外の修行をやって、それで仏となれるはずの身が、念仏をしたために地獄に堕ちたのであれば、そのときは「だまされた」という後悔も起きるかもしれぬ。しかし、このわたしは、どんな修行もできぬ身だから、それなら地獄がはじめからわたしに定められた棲処《すみか》なのだ〕

親鸞は、浄土宗の開祖の法然《ほうねん》（一一三三―一二一二）に帰依《きえ》して弟子になりました。法然は、われわれが「南無阿弥陀仏《なむあみだぶつ》」のお念仏を称《とな》えただけで、阿弥陀仏はその仏国土である極楽《ごくらく》浄土に生まれさせてくださる、といった他力の教えを唱道しました。親鸞はその法然の教えを信奉したのです。

その親鸞が、お念仏を称えた結果、ひょっとしたら自分は地獄に堕ちるかもしれない。しかし、地獄に堕ちたって、いっこうにかまわない。そう言っているのです。

これを読んだとき、最初わたしはびっくりしました。親鸞はそこまで師の法然を信頼していたのか。そこまでの師弟関係をすばらしいと感嘆したのです。

ですが、何度も何度も読み返しているうちに、ようやく気づくことができました。親鸞は阿弥陀仏を信じたのです。彼を浄土へ迎えとるか、それとも地獄に堕とされるか。それは阿弥陀仏が決められることです。

そして、「南無阿弥陀仏」は「阿弥陀仏よ、すべてをおまかせします」といった意味。

わたしたちが「南無阿弥陀仏」と称えて、阿弥陀仏におまかせした以上、阿弥陀仏に文句を言ってはいけません。阿弥陀仏がわたしをお浄土に迎えてくださるなら、「ありがとうございます」と感謝すればいい。もしも阿弥陀仏がわたしを地獄に堕とされるのであれば、それも「ありがとうございます」と感謝すべきです。それが親鸞の考え方だと思います。

だとすると、これはキリスト教、ユダヤ教、イスラム教と通底する考え方ですね。すなわち、死後のことは人間がどうこうできるものではありません。

死後のことは、いっさいを絶対者におまかせする。それが、仏教を含めた普遍的宗教の考え方だと思います。普遍的宗教というのは、民族宗教の枠を超越した宗教です。

◉親鸞は、なぜ父母のために念仏を称えなかったのか

だから親鸞は、『歎異抄《たんにしょう》』（第五段）において、こう言っています。

親鸞は、父母《ぶも》の孝養のためとて、一返にても念仏まふしたることいまださふらはず。

〔親鸞は、父母の追善供養のためにお念仏を称えたことは、これまで一度もない〕

亡くなった父や母は、阿弥陀仏の支配下にあるのです。〝支配下〟といった言葉は、あまりよくないですね。阿弥陀仏のテリトリー（勢力圏・縄張・領地）にいます。極楽浄土は阿弥陀仏のテリトリーです。

阿弥陀仏のテリトリーにいる死者を、こちらがのこのこしゃしゃり出て、お節介を焼いてはいけません。ただ阿弥陀仏におまかせするのです。だから親鸞は、父母のためにお念仏を称えることをしなかったのです。

いま、わたしたちが三回忌や七回忌、十三回忌といって亡くなった父母のために追善供養をすれば、

「それなら、おまえたちが死者を引き取れ」

と、阿弥陀仏が言われるかもしれません。

現代日本の大勢のお坊さんがやっておられることは、仏に対する叛逆行為ですよ。

お節介はやめたほうがいいですよ。

「考えてはいけない」の意味

話の展開からして、先にお浄土について書いてしまいました。話を元に戻して、仏教は死後の世界をどう考えているか……について考察しましょう。

仏教の開祖は釈迦《しゃか》です。したがって、仏教の考え方といえば、釈迦の考え方が基本になります。

では、釈迦は、死後の世界をどう考えていたでしょうか？

釈迦の弟子にマールンクヤープトラがいました。彼は哲学青年で、「この世界は有限か／無限か」「霊魂と身体は同一か／別か」「人間は死後も存在するか／存在しないか」と、そんな問題ばかりを考えていました。そして、機会を見ては、釈迦にそんな質問をします。

だが釈迦は返答しません。

それである日、思いつめたマールンクヤープトラは、

「世尊よ、今日こそはわたしの質問に答えてください。もしも世尊が相変わらず返答を拒まれますれば、わたしはこの教団を去って還俗しようと思います」

と、釈迦に返答を迫りました。

するとと釈迦は言われました。

「マールンクヤープトラよ、ここに毒矢でもって射られた人がいるとする。友人たちは医師を呼んで来て、彼の治療をしようとした。ところが、その人が言った。

『わたしは、わたしを射た者が誰であるか？　その弓はいかなる形をしているか？　それらのことを知りたいのだ。それらのことが解明されるまでは、この矢を抜いてはならぬ。治療をしてはならぬ』

その人は、それらのことを知る前に死んでしまうであろう。

マールンクヤープトラよ、世界は有限か／無限か、霊魂と身体は同じか／別か、人間は死後も存続するか／しないか、それらの問題に答えたところで、われらの苦なる人生の解決にはならない。われらがすべきは、この苦なる人生の克服である。

それ故、マールンクヤープトラよ、わたしの説かないことは、説かないままに受持するがよい。わたしの説いたことは、説いたままに受持するがよい」

これが釈迦の教えです（『中部経典』六三）。そしてこの教えは、古来、「毒箭《どくせん》の喩《たとえ》」と呼ばれています。

これでお分かりのように、釈迦は死後の世界のある／なしについて、

――考えるな！――

と教えています。考えるなということは、あると考えてもいけないし、ないと考えてもいけないのです。判断を保留にするわけです。

よく、極楽は西方《さいほう》十万億土の彼方にあると言うが、地球は太陽の周りを回っているのだから、そもそも西方がどの方角なのか、特定できないではないか。宇宙空間のどこに極楽世界があると言うのか?!　と、息巻く人がおいでになりますが、その人は極楽世界――すなわち死後の世界――がないと考えているのです。釈迦は、「考えてはいけない」と教えたのであって、その人のようにある／なしを考えてはいけません。

仏教は、死後の世界について、いっさいの判断を保留しているのです。

「しかし、仏教は、地獄や極楽を語っているではないか?!　ということは、仏教は地獄や極楽があると言っているのだろう……」

そういう反論があるでしょう。なるほどその通りで、わたしもしばしばお浄土について語ります。また本書は、お浄土について語ったものです。そしてお浄土というのは、わたしたちが死んだあとで往く世界であり、そのお浄土において、われわれはこの世で縁のあ

った人々と再会できます。だから、仏教は死後の世界があると言っている——ということになりそうです。

が、そこのところがちょっと違うのです。どう違うか？　簡単には言えないもので、読者はいまのところはお浄土のある／なしの問題をペンディング（棚上げ）にして、もう少し付き合ってください。

◉良寛の「浮かれ暮らし」

ともかく釈迦は、死後の世界については「考えるな！」と教えました。

けれども、わたしたちが死後の世界について考えずにいることは、とても至難の業《わざ》なんです。ついつい、

〈死んだあとはどうなるんだろうか……？〉

と考えてしまいます。

昔、『人は死ねばゴミになる』という本がありました。著者の名前は言わないでおきます。だいぶ話題になった本ですが、あれも死後の世界を考えているのです。

著者は、天国や極楽なんて子ども騙《だま》しのようなことを言っている者がいるが、自分はそ

んなものは信じない。自分は、人は死んだら「無」になるのだと考えている。そのように粋《いき》がっているのでしょうが、それだって死後の世界について考えているのですよ。〈死後の世界なんてあるものか?!〉と、自分で自分に言い聞かせているのです。

しかし、それは一つの信念であって、何の根拠もありません。「死後の世界がある」というのと、「死後の世界がない。人は死んだらゴミになるだけだ」というのは、いずれも臆測にすぎません。

釈迦が言うのは、「考えるな!」であって、「ある」と考えてもいけないし、「ない」と考えてもいけないのです。

しかし、考えないでいることは、なかなかむずかしい。考えないでいるためには、相当の訓練を積まねばならない。いわゆる修行が必要なんです。

たとえば、禅僧の修行は、死後の世界について考えないでいるための特別訓練だと思ってまちがいないでしょう。

江戸時代の禅僧の良寛（一七五八—一八三一）は、晩年、出雲崎の遊女とおはじきをして遊んでいました。それを耳にした弟の由之《ゆうし》が、

《墨染《すみぞめ》の衣《ころも》着ながら浮《う》かれ女《め》とうか〳〵遊ぶ君が心は》
と、兄の良寛をからかった和歌を贈ります。その返歌に良寛はこう詠《よ》んでいます。

うか〳〵と浮世をわたる身にしあればよしやいふとも人はうきよめ

それに対して、由之はさらに突っ込みます。
《うか〳〵とわたるもよしや世の中は来ぬ世のことを何と思はむ》
そりゃあ、この世では浮かれ暮らすのもいいでしょう。でも、来世はどうなるのですか……？　そう弟は問いかけているのです。
それに対する良寛の返歌。

この世さへうから〳〵とわたる身は来ぬ世のことを何思ふらむ

わたしゃ、この世でさえも浮かれ暮らしているのだよ。来世のことなんて、わたしゃ知らんよ。関心がないね。良寛はそう言っているのです。

われわれが死後の世界を考えるのは、「自分」というものに執着しているからです。この「自分」は死んだあと、どうなるのだろうか……？　執着があるから、そういう心配が起きます。

しかし、良寛は、いっさいの執着を捨てています。現世に対する執着を捨てているから、この世を浮かれ暮らしているのです。

この世に対する執着を捨てたわたしであるから、来世に対する執着はない。《来ぬ世のことを何思ふらむ》と、良寛は語っています。

良寛は禅僧だからこそ、そういう境地に達することができたのです。まさに、釈迦の「考えるな！」を実践できたのです。

お浄土とは何か

でも、われわれには無理ですね。

「死後の世界を考えるな！」と教わって、考えないでいるためには修行を積まねばなりません。だが、われわれ凡人は修行を積めない。修行を積めない凡人が、「考えるな！」を実践するためには、どうすればいいでしょうか……？

そこで考え出されたのが、

――お浄土――

です。お浄土というのは仏国土です。仏の国なんです。

仏の国は、仏が違えば、それに応じて呼称が違ってきます。

薬師仏の浄土は、東方にある浄瑠璃《じょうるり》世界です。

大日如来の浄土は、宇宙の中心にある密厳《みつごん》浄土です。

そして、なんといっても日本人によく知られているのは、阿弥陀仏の浄土である極楽《ごくらく》世界です。これは西方にあるとされています。

また、わたしたちの住んでいるこの世界を、仏教では娑婆《しゃば》世界といいます。娑婆世界は「浄土」（浄《きよ》らかな土地）ではなく、反対に「穢土《えど》」（穢《けが》れた土地）です。そう考えられています。そして、この娑婆世界においでになった仏は釈迦、釈迦仏です。

そうすると、釈迦仏には浄土がありません。それはおかしいと、とくに釈迦仏を信奉する宗派（なかでも日蓮宗）の人たちは、釈迦仏の浄土として霊山《りょうぜん》浄土を考えました。この霊山浄土は、釈迦仏が『法華経』をお説きになったとされている、インドのマガダ国にある霊鷲山《りょうじゅせん》をイメージしたものです。

このように浄土は、宗派によって呼び名が違いますが、まあ日本人には阿弥陀仏の極楽世界・極楽浄土が有名ですから、これを浄土の代表にしておきます。

で、わたしたちは、死ねばお浄土に往きます。いや、亡くなった人々はすべてお浄土に往っているのです。そう信じることができれば、なにもわれわれは死んだあとどうなるか……と考える必要はありません。死後の世界のある／なしを考えないでいられるのです。

そのためにお浄土が考え出されたのです。

たとえば大学生が就職試験を受けます。彼は心配です。自分は合格できるだろうか／それとも不合格なのか？　もしも不合格になれば、どうしようか？　あれこれ考えて、夜も眠れないかもしれません。
そんなとき、誰かが、「そんな心配をしなさんな」と教えてくれました。
事実、キリスト教のイエスが、そう言っています。

「だから、明日のことまで思い悩むな。明日のことは明日自《みずか》らが思い悩む。その日の苦労は、その日だけで十分である」（「マタイによる福音書」6）

不合格になれば、そのとき〈どうすればいいか……？〉と考えればよいのです。なにも合格発表のある前から、思い悩む必要はありません。イエスはそう言っています。

●ブッダのアドバイス

釈迦も同じことを言っています。

過去を追うな。
未来を願うな。

過去はすでに捨てられた。
未来はまだやって来ない。
だから現在のことがらを、
現在においてよく観察し、
揺るぐことなく動ずることなく、
よく見きわめて実践すべし。
ただ今日なすべきことを熱心になせ。
誰か明日の死のあることを知らん。

（『マッジマ・ニカーヤ』一三一）

釈迦もまた、明日の心配をするな！　と教えています。死んだあとどうなるか……と、余計なことを考えずに、いまの人生をしっかりと生きればよい。それが釈迦のアドバイスです。

〈入社試験に落ちたらどうしよう……？〉と、そんな心配はしないでよいのです。落ちたら、落ちたときに、しっかりと考えればよい。誰かがあなたにそのようなアドバイスをしてくれました。

そうするとあなたは、〈そうだ、その通りだ。合格発表の前にくよくよ、じくじく悩んでも仕方がない。もう悩むのはよそう〉と思うことができた。するとあなたは気が楽になります。

でも、そのように思えない人がいます。明日のことは明日にしかできない――と分かっていても、じくじく、くよくよ悩む人がいるのです。いや、大部分の人は、そのように悩みます。

そこに別の人がやって来て、

「おまえ、そんな心配をするな！　あの会社に不合格になれば、わしの会社に来て働けばいい。わしが面倒見てやるから、安心しなさい」

と言ってくれました。あなたは大安心です。未来のことをあれこれ考えずにすみます。

それがお浄土だと思えばよいでしょう。

つまり、あなたが死ねば（不合格になれば）、あなたはお浄土に往ける（ある人の会社に就職できる）のだから、死後のことを考えないでいられます。

仏教でお浄土が説かれているのは、そういう意味なんです。

しかし、そう教わっても、あなたは納得しないでしょう。

まず、本当にお浄土があるのか、あなたは心配です。「俺の会社で働けばよい」と言ってくれた人が、本当に会社を持っているのか、どこに保証があるのでしょう。もしもその人が年金生活者で、会社の社長でなければ、そんな約束を信じたあなたが馬鹿になります。

問題は、その人（釈迦仏や阿弥陀仏）を信じられるか／どうかです。

そして、本当にお浄土（その人の会社）があるか／どうかが問題です。

これはなかなかむずかしい問題です。

その辺のところを、次章以下でじっくり考察しましょう。

2章

負い目から解放される再会の世界

『阿弥陀経』に書かれた「また会える」

死者に対する負い目は、たんに愛情によるものだけではありません。わたしたちは、愛する人を亡くしたあと、

〈生前、あの人にもっとやさしくしてあげればよかったのに……〉

と、悔やむ気持ちを持ちます。たしかにそれは負い目です。

ところが、逆に、怨み・憎む者に対しても、わたしたちはやはり負い目を感じます。

わたしは最初に仏教の勉強を始めたとき、仏教が「愛別離苦《あいべつりく》」と同時に、「怨憎会苦《おんぞうえく》」を教えていることを知って、無性にうれしくなりました。

「愛別離苦」は、愛する者と別離せねばならぬ苦しみです。夫が先に死ぬか／妻が先か、それは誰にも分かりません。しかし、愛する夫と別れた妻、愛する妻と別れた夫は、苦しみ、悲しまねばなりません。親が先か／子が先に死ぬか。できれば祖父母—父母—子—孫の順に死にたいものですが、それはままならない。そして、子を亡くした親は、断腸の悲しみを味わわねばなりません。それが愛別離苦で、誰もがこの苦しみを味わうのです。

「怨憎会苦」は、怨み・憎む者に会わねばならぬ苦しみです。

わたしは、仏教は、人を怨んではいけない、人を憎んではいけない、と教えていると思っていました。聖人・君子になれというのが仏教の教えだと思っていたのです。ところがそうではなしに、仏教は、怨み・憎む者がいる事実をちゃんと認めているのです。それを知って、わたしは仏教がより以上に好きになりました。

わたしたちには、怨み・憎む者がいます。それは冷厳たる事実です。そしてその怨み・憎む者が先に死んだあと、あの人はもう死んでしまったのだからと、その人のことをきれい、さっぱりと忘れることができるでしょうか。

忘れることは赦《ゆる》すことです。たぶんわたしたちは赦すことができず、いつまでもじくじくと考え続けます。縁のなかった死者に対しては、われわれは何も考えません。縁のあった憎たらしい死者に対していつまでもしくしく考えているのですから、それも一種の負い目と言えるでしょう。

つまりわたしたちは、愛する死者にも負い目を感じ、憎い死者にも負い目を感じているのです。

◉倶会一処

あるとき、仏教講演会において、聴衆の一人からこんな質問を受けました。「先生、お浄土に往けば、この世で縁のあった人と再会できると教わりましたが、本当に再会できるのですか?」

質問者は、五十歳ぐらいの美人でした。

じつは、この質問は、キリスト教においてもよくなされるものです。宮田光雄著『キリスト教と笑い』(岩波新書)には、次のような話が紹介されています。

カール・バルトは少ししつこい婦人から、永遠の生命について尋ねられた。「先生、教えて下さい。私たちが天国で私たちの愛する人びとにみな再会するというのは、本当に確かなのでしょうか」。バルトは、その婦人を鋭く見すえながら、おもむろに、しかし力をこめて言った。「確かです。——だが、他の人びととも再会します」

カール・バルト(一八八六—一九六八)は、スイスの有名な神学者です。ここで〝他の人びと〟というのは、わたしたちがその人に会いたくないと思っている人です。天国においてわたしたちは、この世で愛し合った人々と再会しますが、また怨み・憎む人、会いたくない人とも再会するのです。バルトはそう答えました。仏教の愛別離苦・怨憎会苦と同じことを言っているのです。

わたしも、質問者のご婦人に、バルト流に答えようかと思いました。しかし、わたしは親切な人間だから、もっとまじめな答えをしました。

「阿弥陀仏がおいでになる極楽世界のありさまを描写した『阿弥陀経』というお経には、

――倶会一処《くえいっしょ》――

と説かれています。〝一処〟とは一つの処《ところ》で、お浄土です。われわれは倶《とも》にお浄土で会うことができる。お経にそう書かれていますから、あなたはこの世で縁のあった人と、お浄土で再会できますよ」

すると、その質問者はにやりとして、こう言ったのです。

「ああ、そうですか。先生、それならわたしはお浄土に往くのはやめにします。わたしは地獄に行くことにします」

〈はあああん〉とわたしはすぐに気づきました。彼女はカール・バルトの答えを言っているのです。お浄土に往けば、会いたくない人とも会わねばならぬ。会いたくない人には会いたくない。だからわたしは地獄に行く。彼女はそう言っているのです。

「あなたがお浄土に往きたくない。地獄に行きたい。そう言われるあなたの気持ち、よく分かりますよ」

「先生、本当にわたしの気持ちが分かりますか？　当ててみてください」

「あなたがお浄土に往けば、先に往っているお姑《しゅうとめ》さんと再会します。でも、あなたは絶対にお姑さんと会いたくない。だからあなたは地獄に行きたい。そう考えているのでしょう……」

「先生、図星です」

彼女はにっこりと笑っています。

いささか癪《しゃく》に障りました。

それでわたしは、彼女を苛《いじ》めることにしました。

「まあ、あなたが地獄に行きたいと言われるなら、地獄に行けばよいでしょう。しかし、地獄に行けば、あなたは夫とも会うことはできませんよ」

「夫に会わずにすむのですか。それは願ったり叶ったりです」

ますます憎らしくなります。でも、それで引っ込むわたしではありません。

「夫に会えないのがうれしいのですか?!　しかし、あなたは、あなたを産み育ててくださった、実の両親にも会えませんよ。あなたの兄弟姉妹にも会えない……」

「えっ、どうしてですか?!」

「あなたのお子さんにも会えませんよ」

「でも、なぜ……?」

「あなたが親しかったお友だちにも会えませんよ」

「どうして?」

「さあ、どうしてでしょうか……」

しばらく彼女を焦《じ》らしておきました。

そしてわたしは言いました。

「それはね、あなたの行く地獄は、孤独地獄だからです。孤独地獄だから、そこには誰もいません。お姑さんもいませんが、あなたのお子さんもいません。お友だちもいない。あなたはその孤独地獄にぽつんと独りでいるのですよ。何年間、そこにいると思いますか?」

「さあ、知りません」

あたりまえです。ほとんどの仏教学者が知りません。しかし、わたしは調べてあります。

文献にもとづいて計算しました。

「一兆六千二百億年です。あなたは孤独地獄で、一兆六千二百億年のあいだ、ぽつんと独りでいるのです。さあ、地獄へお行きなさい」

すると彼女は半べそをかいて言いました。

「先生、わたしを苛めないでください」

「わたしはなにもあなたを苛めているのではありません。あなたが地獄に行きたいと言われるから、わたしは地獄の観光案内をしただけですよ」

でも、わたしは、やはり彼女を苛めたのですね。

＊

先日も僧侶の方から伺いました。

「わたしは、お姑さんと一緒の墓なんかに入りたくない」「夫と一緒の墓はいやだ」と言われる檀家の方が多いそうです。

これも、死者に対する負い目なんですよね。

再会するときは仏弟子同士

わたしはお姑さんにさんざん苛められた。その記憶はいつまでも残ります。だから、あんなお姑さんのいるお浄土には往きたくない。そう思う気持ちは分からないでもありません。

ですが、お姑さんにすれば、〈わたしは嫁から苛められた〉と思っています。

曹洞宗の寺庭婦人会で講演しました。〝寺庭婦人〟というのは、お寺にいる女性です。家にいるのが家庭、お寺にいるのが寺庭ということになります。

講演のあと、わたしがよく知っているご婦人から、

「今日は嫁と一緒に来ました。先程の先生のお話、とてもよかったですよ。あれを聞いて、嫁もきっと反省することが多かったに違いありません」

といった感想を聞きました。そのあと、当の嫁に会ったのですが、彼女は、

「先生のお話を聞いて、うちのお義母《かあ》さんも思い当たることがあったでしょう」

と言っていました。二人とも、自分のことは棚に上げているのですね。

嫁と姑の対立は、たいていの場合、どちらか一方が悪いのではなく、双方に原因があります。それは、どんな二人のあいだの対立でも同じです。

われわれは常に〈相手が悪い〉〈あいつのせいだ〉と思っていますが、ほとんどの場合、わたしにも責任があります。自分を棚上げにして、一方的に相手を責めるのは、いささか不公平です。

しかし、それは言わずにおきましょう。われわれは聖人・君子ではありませんから、不公平になるのは仕方がありません。お姑さんのいるお浄土になんか往きたくないと思った彼女は、それはそれで仕方のないことです。

でも、だからといって、〈わたしは地獄に行きたい〉と思うのは、とんでもない誤りです。なぜなら、彼女はある瞬間、〈こんな父親は嫌いだ〉〈こんな母はいやだ〉と思ったことがあります。そう思った瞬間、彼女は孤独地獄に堕ちているのです。

そして、兄弟姉妹に対しても、〈嫌いだ〉〈会いたくない〉と思った瞬間があったはずです。

親がわが子に対して、〈憎らしい〉と思ったことがあるはずです。

そういう思いを積み重ねると、わたしたちはみんな孤独地獄に堕ちることになります。だから、〈わたしはあんなお姑さんに会いたくない。あんなお姑さんに会うぐらいなら、わたしは地獄に行く〉と考えたとき、彼女は孤独地獄に堕ちているのです。彼女が忌避したのは、お姑さんばかりでなく、夫も、実の両親も、兄弟姉妹も、わが子も、お友だちも、あらゆる人です。だから彼女は、孤独地獄に生きているのです。

◉あの憎い姑はもういない

彼女が犯したまちがいは、お浄土に往かれたお姑さんが、生前の姿のままそこにいると思っていることです。

しかし、これは、彼女の責任ではありません。1章でも述べましたが、葬式や追善供養ばかりにうつつを抜かしている僧侶が悪いのです。

お浄土に往かれたお姑さんは、そこで仏の説法を聴聞しておられます。いえ、お姑さんばかりではありません。お浄土に往ったすべての人が、仏の指導を受けるのです。たとえ一歳になる前に死んだ子どもでも、お浄土では一人の成人です。お浄土には年齢はありません。だから、あらゆる人が仏の弟子になります。

そのことは、『阿弥陀経』の中に書かれています。

そのとき、仏は長老舎利弗《しゃりほつ》に告げられた。「これより西方、十万億の仏の国土を過ぎた所に一つの世界がある。その名称は極楽。そこに阿弥陀という名の仏がおいでになる。いま、現在、その世界にありて説法しておられる」

ここで語っておられる仏は釈迦仏です。釈迦仏は長老の弟子の舎利弗（シャーリプトラ）に告げられました。西方の極楽世界において、いま現在、阿弥陀仏が説法しておられる、と。だから、お浄土に往ったすべての人が、阿弥陀仏の弟子になって、その説法を聴聞しているのです。阿弥陀仏の指導を受けています。

それ故、お姑さんは、すでに仏弟子になっているのですよ。

嫁を苛めた、あの憎《に》っくき姑ではありません。仏弟子ですよ。

それに、あとからお浄土に往く嫁だって、お浄土に着いたとたん——それは、この世の死の瞬間になります——、仏弟子になります。

仏弟子と仏弟子の再会です。

それなのに、彼女は、嫁と姑が再会すると考えました。それが彼女のまちがいです。

でも、繰り返して言いますが、彼女がそういうまちがいをしたのは、現在日本の葬式仏教の僧に責任があります。彼らは年回法要ばかりをやっています。そして肝腎なこと、すなわち、

「故人は仏弟子となって、仏の指導を受けておられます。あなたが故人のためにしてあげられることは何もありません」

とは説きません。

仏が死者に対してしてくださること以上に、われわれ人間にできることがあるでしょうか。

でも、そんなことを説けば、僧侶の商売は上がったりになります。だから本当の仏教の考え方を説かないのです。葬式仏教は商売のための仏教で、真の仏教ではありません。もちろん、数は少ないですが、真の仏教の教えを説いておられるお坊さんもおいでになります。わたしはそういうお坊さんを尊敬しています。しかし、大多数のお坊さんが、葬式仏教ばかりを宣伝しています。困ったことです。

それから、読者は、厳かに葬儀を営み、年回法要、追善供養をしたければやっていいのです。そんなことはしてはいけない――と、わたしが言っているのではありません。やり

たい人はご自由になさればいいのです。

しかし、**年回法要や追善供養は仏教の教えではありません。それはたんなる風習です。**

真の仏教の教えは、

――死者はお浄土で仏弟子になって、仏の指導を受けておられるのだから、われわれが死者にしてあげられることは何もない――

ということです。そのことを忘れないでください。

それから、年回法要や追善供養をしてもいいのですが、危険なことは、**それらをやればやるほど、死者を俗人にしてしまいます。**

死者が生前に酒好きであったからという理由で、お墓に酒をかけている人がいますが、その人は、死者が仏弟子になっていることを忘れているのです。仏弟子ではなしに、ただの飲兵衛《のんべえ》にしてしまっています。わたしは、それは死者に対する冒瀆だと思いますが、違いますか?!

菩薩の心と阿修羅の心

白隠（一六八五—一七六八）は江戸時代の禅僧で、わが国「臨済宗の中興の祖」とされています。彼にこんなエピソードがあります。

ある日、一人の武士が白隠の所にやって来て、

「和尚、本当に地獄や極楽があるのですか？」

と尋ねました。

だが、その質問に、白隠はまともに答えません。武士を愚弄し、嘲《あざけ》り、揶揄《やゆ》します。

「おまえは武士だろう。武士なら武士らしくせよ！　地獄や極楽のことを心配するな。おまえは死ぬのが怖いのか?!　武士なら、死んだあとのことを考えるな！」

そう痛罵したあげく、

「なんだ、このへなちょこ武士め！」

と、武士に向かって唾《つば》を飛ばしました。

その唾を顔に受けた武士は、当然のことながら烈火のごとく怒ります。

「いくら名僧とはいえ、武士に向かって無礼な振舞《ふるまい》、許せぬ！」

そう言って、武士は刀を抜いて白隠に斬りかかりました。

白隠は刀をひらりとかわして、

「それ、そこが地獄じゃ」

と言います。和尚は武士に、ちゃんと教えていたのです。

武士は白隠に謝します。

「申し訳ございません。ご無礼の段、ひとえにお詫び申し上げます」

すると白隠は言いました。

「それ、そこが極楽じゃ」

この話は、白隠ばかりでなく、いろんな禅僧にかこつけて語られています。おそらく作り話だと思います。

だが、それにしても、これはよく出来た話です。地獄や極楽は、普通、わたしたちが死んだあとで往く世界と考えられています。たしかに、それは死後の世界です。けれども、それと同時に、**地獄や極楽は、いま、わたしたちの心の中にあります。**

〈あんなお姑さんがいるお浄土へなんか、わたしは往きたくない。わたしは地獄に行きた

い〉

彼女はそう考えました。そのとき、彼女は地獄にいるのです。彼女の心の中には、どっかりと地獄が存在しています。

〈わたしはお姑さんの生前、対立ばかりしていた。ことあるごとに啀《いが》み合った。たしかにお姑さんはいやな人であった。意地悪であった。でも、わたしにも少しは悪い点があった。わたしは死んだあとお浄土に往って、お姑さんに再会すれば、そのときわたしはお姑さんに、

「すみませんでした」

と謝ろう。そうすれば、きっとお姑さんもわたしに、「わたしのほうこそ、悪かったね」と謝ってくださるであろう〉

そう彼女が考えることができれば、そのとき彼女の心の中に、まちがいなくお浄土が実現しています。

その意味では、お浄土はわたしたちの心の中にあるのです。

＊

天台宗の教学では、

——十界互具《じっかいごぐ》——

ということを言っています。いささか面倒な話ですが、我慢して聞いてください。

十界というのは十の世界で、これは六界と四界に別れます。

六界は……地獄界・餓鬼《がき》界・畜生界・阿修羅《あしゅら》界・人間界・天上界で、これは迷いの世界です。そしてわれわれは、この六界を生まれ変わり死に変わりして、輪廻《りんね》しています。わたしたちはいま人間界にいますが、来世においてはひょっとすれば牛や馬、あるいは魚や鳥といった畜生に生まれ変わるかもしれません。あるいは地獄界に堕ち、あるいは天上界に生まれるかもしれない。それとも再び人間界に生まれることができるかもしれません。そう古代のインド人は考えました。すなわち六界は、迷いの世界であり、迷った生き物が輪廻する世界です。

それに対して、残りの四界は……執着を断って迷いを超越した世界です。四界は声聞《しょうもん》界・縁覚《えんがく》界・菩薩《ぼさつ》界・仏界の四つ。そのうち声聞界・縁覚界は小乗仏教の聖者の世界で、大乗仏教の聖者の世界は菩薩界です。仏界は仏の世界です。

さて、世界はこのように十界（十の世界）から成り立っていますが、その十界のいずれの世界も、他の九界を具足《ぐそく》している（そなえている）というのが、「十界互具」です。

そうですね、わたしたちはいま人間界にいます。ですから、わたしたちは人間の心を持っています。

しかし、わたしたちは一〇〇パーセントの人間の心だけを持っているのではありません。わたしが〈もっと欲しい・もっと欲しい〉と欲望だらけになるとき、わたしの心は餓鬼の心に支配されているのです。かっと怒りに燃えるとき、わたしは地獄界の心でいます。白隠が、「それ、そこが地獄じゃ」と言ったのが、まさにそれです。

畜生の心というのは、愚かな心です。

阿修羅は正義の怒りに燃えている存在です。地獄の住人も怒りに燃えていますが、そちらのほうは理不尽な怒りです。しかし阿修羅の怒りは正義にもとづいています。彼の言っていることは正しいのですが、相手に対する同情がありません。どこまでもどこまでも、弱者を痛めつけます。それが阿修羅です。アメリカ人が広島と長崎に原爆を落とし、何十万という無辜《むこ》の民を虐殺したのも、この阿修羅の怒りです。そんな阿修羅の心、わたしたちは持っていますよね。

天にも昇る心地がすると言いますね。それが天人の心です。

わたしたち人間は、人間の心ばかりでなく、地獄・餓鬼・畜生・阿修羅・天人の心を持ってい

ます。

そして、ほんのちょっぴりですが、仏の心や菩薩の心、小乗仏教の聖者の心を持っています。仏や菩薩の心は慈悲の心です。小乗仏教の聖者の心は、悟りの心です。たしかに小乗仏教の聖者は悟っていますが、その悟りはエゴイズムやエリート意識につながります。〈俺は悟っているんだぞ。おまえら有象無象《うぞうむぞう》とは違う。おまえらには、真理は分からない！〉と、他人を軽蔑する心があります。だから、それは仏や菩薩の心と違っているのです。

だが、ともかく、わたしたちには仏や菩薩、あるいは聖者の心があるのです。

これは人間ばかりではありません。地獄の生類にも、ほんのちょっぴりですが仏の心があり、菩薩の心があり、人間らしい心があります。地獄の生類のうちに、他の九界の心があるのです。

餓鬼のうちにも、他の九界の心がある。

阿修羅のうちにも、他の九界の心があります。

そして、じつは仏のうちにも、地獄・餓鬼・畜生・阿修羅・人間・天人・声聞・縁覚・菩薩の心があるのです。仏は、一〇〇パーセントのすべてが仏の心ではないのです。一パーセントか、あるいは〇・〇〇一パーセントかもしれませんが、仏の心のうちに地獄の心があります。仏に地獄の心がまったくなければ、仏は地獄に堕ちた生類の心が分からず、地獄の生類を救えません。仏に人間の心があるから、仏は人間の気持ちがよく分かり、人間を救うことができるのです。

だから、仏のうちにも、他の九界の心があるのです。

これが「十界互具」の教学です。十界のそれぞれが他の九界を具有しているのです。

＊

ですから、わたしたちが「かっ」となって他人と喧嘩《けんか》をする。そのとき、わたしたちの心は地獄の心になっているのです。わたしたちはその瞬間、地獄に堕ちています。白隠が言った、

「それ、そこが地獄じゃ」

です。そして、それに気づいて、〈申し訳ない〉といった気持ちになる。そうすると、

「それ、そこが極楽じゃ」

になります。わたしたちの心は、ころころと変わります。『日本国語大辞典』（小学館）を見ると、〝こころ〟は、

《諸物に変転するところから、コロコロ（転転）の義》

といった語源説がありました。おもしろいですね。まさに「十界互具」の教学です。

したがって、〈お姑さんのいるお浄土になんか往きたくない。わたしは地獄に行きたい〉と彼女が考えた瞬間、彼女は地獄に堕ちています。彼女は、死んだあとで地獄に行くと考えていますが、じつはそうではありません。すでに彼女は現世に生きながら、地獄に堕ちているのです。

では、彼女はどうすれば救われるでしょうか……？

簡単です。お姑さんとの対立は、わたしにも至らぬところがあったと彼女が気づいて、〈いずれわたしがお浄土に往ったとき、お姑さんに謝ろう〉と思ったとき、彼女は救われるのです。その瞬間に、彼女の心のうちにお浄土がありますす。彼女はお浄土にいるのです。

〈そりゃあ、わたしにも少しは悪いところがあった。でも、お姑さんのほうがもっと悪い。わたしがお姑さんと啀み合ったのは、お姑さんにすべての責任がある〉

そのように彼女が考えるなら、彼女は阿修羅になっているのです。

阿修羅の怒りは正義の怒りです。正義を振りかざせば、わたしたちの心は平安になりません。お浄土は、わたしたちに心の平安をもたらしてくれるものです。

「お浄土は心の中にある」ではない

では、おまえは、お浄土は実在しない。ただ心の中にあるだけだ。そう主張しているのか、と問われそうですね。

いいえ、違います。わたしが、「お浄土は実在しない」と言えば、わたしは釈迦の教えを否定していることになります。釈迦はわれわれに、「死後の世界のある／なしを考えるな！」と教えられました。だからわたしたちは、死後の世界としてのお浄土を考えてはいけないのです。「実在しない」と言えば、考えていることになります。

もちろん、逆に、「お浄土が実在する」と言ってもいけません。それだって、やはり死後の世界について考えていることになります。

釈迦は、死後の世界については「いっさい考えるな！」と教えられたのですから、そもそもお浄土の「ある／なし」を論じてはいけないのです。

話がややこしくなりました。では、われわれは何を、どう考えればよいのでしょうか？

そこで、結論を先に言います。

――われわれは、死んだあと、お浄土に往くと信ずればよい――のです。お浄土に往くと信ずれば、死後についていっさい考えずにおられます。そうすると、釈迦の教えに反することはありません。

◉「ある」とはどういうことか

そもそも、ものがあるとは、どういうことなんでしょうか？

いま、机の上に本があります。わたしは机や本を目で見、手で触ることができます。だから机や本があるのです。ものがあるとは、そういうことです。

ところが、空に虹があるという場合、わたしたちの目には虹が見えますが、それは手で触ることはできません。虹は、空気中にある細かな水滴の粒子に太陽の光が当たって、光の屈折と分光によってわたしたちの目に見えているのです。それ故、正確に言えば虹は現象であって実在ではありません。しかし、わたしたちは、「空に虹がある」と言います。そういうあり方もあるのです。

数学では虚数の存在を考えます。虚数というのは、$i^2=-1$ になるような数・i です。プラスの数は二乗すればプラスになります。2の二乗は4、3の二乗は9です。そして、マイナスの数も二乗すればプラスになります。-2の二乗は4、-3の二乗は9です。ところが、二乗してマイナスになる数を数学では考えるのです。それをiで表わし、iの二乗を-1とするのです。このiが虚数です。

虚数は十八世紀になって考えられたもので、最初は形式的に使われていました。ところが、十九世紀の初期になって、数学の世界では虚数の実在性、有効性が認められるようになりました。現代数学は、虚数を実在する数として扱っています。そういうあり方もあるのです。

だいぶむずかしい話になりました。もっと分かりやすい話をしましょう。

日常会話で、「時間はたっぷりあるよ。そんなに急がなくて大丈夫」といった表現が使われます。この場合、時間があるといったあり方も、あるということの一形態です。

また、「愛情がある」と言うとき、その愛情は目にも見えず、手で触ることもできませんが、わたしたちはそれがあることを信じています。そういうあり方もあります。

同じく、「あの男には忌まわしい過去がある」と言うとき、われわれは過去の存在を認めています。逆に未来の存在も認めていますね。わたしたちは「明るい未来が待っている」「未来は絶望だ」と言います。そう言ったとき、誰も、過去や未来のあることを否定しません。そういうあり方もあるのです。

「お浄土がある」ということは、この最後の例がぴったりです。それはつまり、わたしたちが未来をどう信じているかにかかわっているのです。

ある人は、自分の未来はゴミになると信じています。それで『人は死ねばゴミになる』といった本を書きました。

ある女性は、自分の未来に憎らしい姑との再会を想定し、その姑と会わずにすむ地獄を考えました。自分の未来を地獄と信じたのですね。

別の女性は、お姑さんとお浄土で再会することを信じ、「自分にも至らぬところがありました」とお姑さんにお詫びをし、和解できると信じました。彼女はお浄土という形で、明るい未来を信じたのです。

つまりお浄土は、あなたが未来をどう信じているかにかかわっているのです。

＊

星の研究家の野尻抱影（一八八五—一九七七）がこんなことを書いています（『星三百六十五夜』）。

ポリネシアの原住民たちは、死ぬ前に、自分の好きな星を指さして、

「自分が死んだらあの星に住む」
と言いつつ息を引きとると。
美しい死に方ですね。「俺は死んだらゴミ箱に住みたい」と言う人にくらべて、ポリネシアの原住民のほうが、人間として数段上だとわたしは思います。

◉終活なんて不要です

ということは、おまえは、荒唐無稽なお伽噺《とぎばなし》を信じろと言うのか?! そのような反駁《はんばく》がなされるかもしれません。お浄土をお伽噺にしてもらっても、いっこうにかまいません。わたしは、わたしが死んだらお浄土に往くと信じています。そして祖母や父母に再会し、みんなで阿弥陀仏の教えを聴聞しようと思っています。

でも、読者に、「あなたもお浄土を信じなさい」と押し付ける気はありません。これはあとで書こうと思っていることですが、**信じる／信じないは、わたしたちが自分の意思で決められることではありません。いくら信じようと思っても、信じられない人もいるからです。**

わたしは、お浄土が信じられない人は、気の毒だと思います。お浄土が信じられない人は、自分が死んだあとのことが心配で、あれこれ死の準備をせねばなりません。近年は、死の準備をすることを〝終活〟と呼ぶようですが、お浄土を信じられない人は一生懸命終活をやっておられます。

お浄土を信じられない人は、きっと墓の中に住むと考えておられるのでしょう。あのジメジメとした墓の下に自分は眠ると考えている。だから、生前に立派な墓を準備せねばならないとおおわらわです。また、お姑さんと一緒の墓はいやだ、夫と一緒の墓には入りたくないと、個人用の墓を準備しておられる人も大勢います。

わたしは、死んだらすぐにお浄土に往かせてもらえると信じていますから、**わたしには墓なんて不要です。**わたしの遺骨を子どもたちが蹴飛ばそうが、どこかに捨てようが、わたしには無関係です。わたしはお浄土で仏の教えを聴聞し、仏教の勉強をしています。そして慈悲の目でもって、子どもたちを眺めてやろうと思います。

わたしはそういうお伽噺を信じています。

ジメジメとしたお墓の下で暮らす――といった噺のほうが好きな人は、終活をされればよい。みんなそれぞれの信仰を持てばよいのです。

ただ、仏教の教えは、墓だとか年回法要だとかとは無関係です。あれは葬式仏教が商売上創り出した童話です。あまり宣伝に惑わされないほうが賢明でしょう。

「信ぜよ、さらば救われん」の真意

そうすると問題は、いかにすればお浄土が信じられるか、です。

ところが、これがなかなか厄介な問題なんです。

これも、結論的なことを先に言えば、

――わたしたちは、信じることはできない――

になります。

いくらわたしたちがお浄土を信じようと努力しても、ついつい疑いが生じます。それは仏や神に対しても同じで、信じよう、信じようとする努力と同時に、〈信じたって無駄だ。神や仏なんてあるものか?!〉といった心が生じてきます。わたしたち人間に、神や仏、お浄土は信じられないのです。

では、どうすればいいのか?

まず考えていただきたいのは、わたしがブッダやゴッドを信じるというのは、傲慢・不遜ではないか、ということです。だって、そうでしょう。俺が信じるという形では、

「俺はおまえ（ブッダあるいはゴッド）を信じてやるぞ。だからおまえは、俺の信頼に応えて、一生懸命俺のために尽くせ」

と言っていることになります。この場合、俺はゴッドやブッダよりも一段高い位置にいます。まるで審査員が、コンクールに参加した人を査定している態度。それは、宗教者の態度ではありません。

だから、人間が仏や神を信じるという態度はおかしいのです。

そして、このような形で信ずれば、必ず裏切りにつながります。

人間同士のあいだでは、「俺はあいつを信じてやったのに、あいつは俺を裏切りやがった」といった言葉がよく聞かれます。電車の中でそんな会話を耳にしたパキスタンのイスラム教徒（彼は日本語が話せます）が、わたしにこう言いました。

「あの人は馬鹿ですね」

「どうして？」

「だって、裏切られるようなものを信じたのでしょう。信じた人が馬鹿です」

「でも、絶対に人を裏切ることのない人間なんていないよ」

「その通りです。だから、人間を信じてはいけないのです」

「じゃあ、何を信ずればいいのか？」

「もちろん、アッラーです。わたしたちイスラム教徒はアッラーだけを信じています」

このパキスタン人は、別段、イスラム教の神学者ではありません。ごく平凡な信者です。それでもこれだけの「理論」を持っているのです。

それに対して日本人は、平気で、

——鰯《いわし》の頭も信心から——

と言っています。鰯の頭のようなものでも、信心さえあればありがたく思えるというのです。

そんなものを信じて、どうなると言うのですか?!　すぐに裏切られてしまいますよ。

要するに日本人の信仰は、ご利益《りやく》信仰です。ご利益をいただければ、何だっていいというわけです。その理窟でお浄土を信じる／信じないを考えているのだから、もう何をか言わんや、です。

＊

さて、キリスト教には、

——信ぜよ、さらば救われん——

という言葉があります。あるいは「信ずる者は救われん」とも言います。よく聞く言葉ですが、じつは『新約聖書』には、これとまったく一致する言葉は出てきません。ただ、「マタイによる福音書」(9)や「ルカによる福音書」(7)などに、イエスが病人を癒したという奇蹟をやったあと、また罪人を赦したあと、

「あなたの信仰があなたを救った」

とイエスが言った言葉があります。これを敷衍《ふえん》すれば、「信ずる者は救われん」「信ぜよ、さらば救われん」になるでしょう。

ところが、このイエスの言葉は、日本人にはなかなか理解できないのです。

この言葉を、日本人は、「あなたはゴッドを信じなさい――→そうすればゴッドはあなたを救ってくださる」と読みます。そうすると、ゴッドは、ゴッドを信じない者を救うことができなくなります。また逆に、ゴッドのほうで〈こんな奴は救いたくない〉と思っておられても、その人がゴッドを信じたら、ゴッドはその人を救わざるを得なくなります。つまりゴッドに自由がなくなってしまうのです。

わたしがこのように言えば、たいていの日本人は、

「いや、そんなことはない。ゴッドは自由に活躍されてよいのだ。たとえゴッドを信じた者でも、ゴッドが救いたくないのであれば、救わなくてもよい。ゴッドがその人を救いたいのであれば、その人がゴッドを信じていなくても、救ってあげればよい。ゴッドは自由自在に救済力を発揮されてよいのだ」

と言います。けれども、もしもそうであれば、「信ぜよ、さらば救われん」は嘘になりますよ。

「信じたって、救われない場合もあるし、信じなくても、救われることもありますよ」

となってしまいます。それじゃあ「鰯の頭」と同じですね。

この問題は、キリスト教の神学のうちでもとくに難解で、

――予定説（doctrine of predestination）――

と呼ばれるものです。ある意味では予定説こそがキリスト教信仰の根幹で、予定説の理解なくしてキリスト教を理解することは不可能だとされています。しかし、キリスト教の神学理論をくだくだ述べて読者を疲れさせたくありませんから、簡単に解説することにします。

予定説というのは、あなたがゴッドに救われるか否か、ゴッドはあらかじめ決めておられるというものです。ゴッドに救われるというのは、死後に天国に行かせてもらえることです。救われない人は、死後に地獄に行くことになります。あなたが天国行きか／地獄行きか、ゴッドがあらかじめ決めておられます。そして、天国に行かせてもらえる人は、ゴッドを信じられるように創られています。地獄行きを予定されている人は、いくら努力してもゴッドを信じられません。

それ故、ゴッドを信じた者は、天国に行けます。ゴッドを信じなかった人は、地獄行きになります。だから、「信ぜよ、さらば救われん」になるのです。

ここで大事なことは、あなたが自由にゴッドを信じることができるわけではない、ということです。あなたがゴッドを信じることができるのは、ゴッドがあなたをそのようにしておられるからです。

逆にゴッドを信じられない人は、ゴッドがその人にゴッドを信じられないようにしておられるからです。

要するに、人間に自由はありません。すべてがゴッドのなされたことです。

したがって、「わたしはゴッドなんて信じない」と言う人は、「わたしは地獄に堕ちる人間です」と公言していることになります。キリスト教の考え方ではそうなりますから、よほどの覚悟・信念がなければ、自分が無神論者であることを宣言できません。「わたしは神仏を信じない」と平気で言っている日本人が、敬虔なキリスト教徒からどう見られているか、ちょっと考えたほうがいいでしょう。

往くのではなく「迎えていただく」

キリスト教の天国・地獄は永遠の世界です。

前にも述べましたが、神の審判を受けて天国に行くことのできた者は、永遠に天国にいます。地獄に堕ちた者は、永遠に地獄で苦しまねばならないのです。

しかし、仏教の天界・地獄は永遠の世界ではありません。

古代のインド人は輪廻転生を信じていました。すべての生きものは、この世で死んだあと、地獄・餓鬼・畜生・阿修羅・人間・天人のいずれかに再生するのです。そして、かりにあなたが天人になって天界に生まれたとしても、そこで寿命が尽きればまたどこかの世界に生まれ変わります。地獄に堕ちた者も、そこで刑期をつとめると、再び地獄から脱出できるチャンスがあります。

もっとも、天人の寿命、地獄の刑期は長いですよ。いちばん短命な天人で九百万年、いちばん刑期の短い地獄で一兆六千二百億年とされています。が、それだけの時間が過ぎると、その人は再び死んでどこかに生まれ変わります。

それが輪廻です。

けれども、お浄土は違います。お浄土は永遠の世界です。わたしたちがお浄土に生まれることができたなら、永遠にお浄土にいることができるのです。そしてそこで仏道修行をし、最終的にはわたしたち自身が仏になることができます。

したがって、キリスト教やイスラム教の天国に相当するものは、仏教ではお浄土・仏国土になります。

では、わたしたちは、どうしたらお浄土に往くことができるでしょうか……？

◉もっともらしい法話のウソ

葬儀のあとで和尚さんが法話をされます。

もっとも、法話をされる和尚さんはましなほうで、ただお経だけを読んで帰って行かれる僧侶も多いですね。それならテープレコーダーで間に合います。

ところが、あるとき、浄土宗のお坊さんがこんな法話をされました。

「いま、亡くなった故人は、一生懸命お浄土に向かって進んでおられます。どうか皆さんは、亡くなった人の後押しをしてあげてください」

それを聞いた瞬間、わたしは、

「馬鹿なことを言うな！」

と大声で叫びたくなりました。でも、わたしは紳士ですから、じっと我慢をしていました。

いいですか、お浄土は、わたしたちがそこに向かって歩んで行く世界ではありません。

この娑婆世界とお浄土と、いったいどれだけの距離があると思っているのですか?!

もっとも、物理的な距離を問題にしてはいけませんね。お浄土を実在する国土と考えるなら、われわれは釈迦の「考えるな！」に楯突いていることになります。では、心理的な距離でしょうか？

じつは、われわれが努力することによって、心理的な距離を埋めるといった考え方は、輪廻の世界の発想です。輪廻の世界は、

わたしたちがこの世において善をなせば……来世は天上界や人間界に生まれることができる、

わたしたちがこの世において悪をなせば……来世は地獄界・餓鬼界・畜生界に生まれる、

といった法則があります。だから来世、天上界や人間界に生まれるために、悪いことを

するな、善いことをせよ、と教えられています。

葬式仏教のお坊さんたちは、これに便乗して、故人がこの世でなした悪を消すために、また善の不足を補うために、故人のために追善供養をしてあげなさいと説いています。

「故人のために皆さんが後押ししてあげてください」

という言葉は、そういう意味です。檀信徒が年回法要や追善供養の法事を営んでくれると、僧侶の収入になります。そのために故人の後押しをせよと言っているのです。

しかし、**お浄土というのは、そんな輪廻の世界ではありません。**

そこは仏の世界です。

年回法要や追善供養を営む必要はありません。盛大な葬儀や戒名も不要。そんなものがなくても、仏はわれわれにお浄土への入国許可を与えてくださいます。わたしはそう思っています。

◉「他力」とは何か

つまり、**わたしたちは、お浄土に往くのではありません。わたしたちは、お浄土に迎えていただくのです。**仏がわたしたちを迎えてくださり、仏の力によってわたしたちはお浄土に生まれさせてもらえるのです。

そして、わたしたちがこの世で死んだ瞬間、わたしたちはお浄土に生まれています。一瞬の遅れもありません。死の瞬間にお浄土に生まれています。

だから、とぼとぼと歩いて行くのではありません。誰かに後押しなんかしてもらう必要はない。仏の力によってお浄土に生まれさせてもらうのです。それが、

——他力——

の考え方です。自分が善行を積んで、その善行によって浄土に行くといった自力の考え方は、ここでは通用しないのです。

わたしたちは仏に救っていただくのです。

では、どうすれば、わたしたちは仏に救っていただけるでしょうか……?

何もしないでいいのです。

ただ仏におまかせすればよいのです。

その「おまかせする」といった決意表明が、

——南無——

です。

阿弥陀仏におまかせしますが「南無阿弥陀仏」で、釈迦仏におまかせしますが「南無妙法蓮華経」です。

釈迦仏が説かれたお経が『妙法蓮華経』で、わたしたちが『妙法蓮華経』に帰依すれば、釈迦仏に帰依したことになります。ほかに「南無観世音菩薩《かんぜおんぼさつ》」もありますし、「南無大日如来」もあります。「南無」は、すべてを仏におまかせしますといった言葉です。

おまかせするためには、わたしたちは仏を信じなければなりません。疑いながらおまかせはできませんよね。

そして、この「信じる」ということにおいては、キリスト教の場合と同じです。「わたしが仏を信じてやる」というのではありません。仏がわたしを信じさせてくださるのです。

親鸞はそのことを、『歎異抄《たんにしょう》』（第六段）において、

如来よりたまはりたる信心

と言っています。信心というものは、阿弥陀如来からいただいたものだ、と彼は認識していたのです。わたしが自分勝手に起こした信心ではないのです。

ですから、ときどきわたしに向かって、

「俺はお浄土なんて信じない」

と言われる人がおいでになりますが、それを聞いてわたしは、

〈ああお気の毒に……。あなたには仏の働きかけがないのですね。あなたは仏から見放されているのですね〉

と思います。仏の働きかけがないから、その人は信じられないのです。気の毒な人なんですよね。

＊

そして、お浄土が信じられたとき、わたしたちは死んだあとのことを何も考えずにすみます。死後の世界があるのか／ないのか、いっさい考えずにいられます。そのとき、われわれは、釈迦が教えた「考えるな！」を実践できているのです。

３章

生まれ故郷から来て、帰る

「旅立った息子に会いたい」

あるとき、死んだ息子の後を追いかけて、自殺をしてお浄土に往きたい……と言われる女性に会いました。

「お浄土に往きたくない。地獄に行きたい」と言う人もいれば、「早くお浄土に往きたい」と言われる人もいます。まこと、世の中にはさまざまな人がいます。

彼女の息子は一流大学を卒業し、優秀な成績で国家公務員試験に合格して官僚となりました。その息子が交通事故で亡くなった。それで彼女は生きる勇気を失い、息子の後追い心中をしたいと思ったのです。泣きながら、彼女はそう語りました。

「先生、自殺をした人は地獄に堕ちるのですか？　自殺をしても、お浄土に往けますか？お浄土で再び息子と会うことができますか？」

彼女の質問に、わたしはこう答えました。

「キリスト教では、自殺は罪悪とされています。自殺者は地獄に堕ちるとされています。けれども、**仏教は、自殺を罪悪とはしていません。**お釈迦さまの弟子のうちにも自殺した人はおり、お釈迦さまはそれを糺弾《きゅうだん》しておられません。それから、自殺者もお浄土へ往けるか、といった質問ですが、それは大丈夫です。自殺をした人でも、阿弥陀仏はお浄土に迎えてくださいますよ」

「それを聞いて、わたしは安心しました。では、わたしは自殺します」

「ああ、そうですか……。ところで、ちょっとお訊きしますが、あなたは母子家庭だったのですか？　亡くなった息子さんとあなたの、二人で生きておられたのですか？」

「いいえ、夫がいます」

「で、主人はどう言っておられるのですか？　夫とあなたの二人で自殺されるのですか……？」

「いいえ、夫は冷たい男です。息子が死んだのに、夫は平気で会社勤めをしています。自殺はわたし一人でします」

彼女のその言葉に、わたしは腹が立ちました。夫は冷たい。悲しんでいるのはわたし一人だ。彼女のその独り善がりの考え方をやめさせるためには、相当の荒療治が必要です。

それでわたしは、少し彼女を苛めることにしました。

「いまのあなたの言葉で、息子さんが死んだ理由がはっきりしました」

「どういうことですか?」

「あなたの息子さんは、あなたが大嫌いで、それでこの娑婆世界を去って、さっさとお浄土に往かれたのですよ」

「まあ、なんて酷《ひど》いことを……」

「酷いと言われる前に、ちょっとよく考えてみてください。あなたの息子さんは、この世に生きていれば、いずれ結婚されるでしょう。そうするとあなたは、息子の嫁いびりをする。夫のことは放っておいて、息子さんべったりのあなただから、息子さんの後追い心中を考えるあなただから、息子の嫁が憎くてたまらない。それで嫁を苛める。すると嫁と姑の対立のあいだに立って息子さんは悩みます。こんなお母さんがいたのでは、ぼくは幸せになれない。そう考えて息子さんは、さっさとお浄土へ往ったんですよ」

「まあ、酷い。先生の本を読むと、先生はやさしい人だと思っていました。でも、違います。先生は鬼みたいな人です」

彼女は大声で泣いています。

場所は喫茶店でした。喫茶店でわたしは彼女の相談に乗っていたのです。ちょっと困りましたね。まるでわたしが情婦を泣かせているみたいです。喫茶店の店員が、ちらちらとわたしたちを見ています。

でも、わたしはしばらく彼女を泣かせておきました。

そのあと、わたしは彼女に、いったいお浄土とはどういう土地か、そしてわたしたちはその土地に生まれて、いったい何をするのかを、詳しく語って聞かせました。

わたしたちはお浄土に往って、それで終りではありません。お浄土に往って仏道修行をするのです。

そして、またこの世に戻って来ます。

しかし、それについては、あとで書くことにします。

◉愛別離苦の悲しみ

ともあれ、わたしは彼女にお浄土について話したあと、最後に尋ねました。

「ところで、いま、いちばん悲しんでいるのは誰だと思う？」

「それはわたしです」

「いや、あなたじゃない」

「では、夫ですか？　でも、夫はそれほど悲しんでいません」

「あなたはまだ分からないのですか？　いまいちばん悲しんでおられるのは、あなたでもないし、夫でもない。それは、死んだ息子さんだよ」

「……？」

「息子さんは、恩を受けたお父さん・お母さんに、何一つ恩返しをできずに死んでいった。結婚して、子どもができて、お父さん・お母さんに孫の姿を見せてあげる。それもできずに、息子さんはお浄土に往ってしまった。阿弥陀仏がお浄土に戻っておいでと言われたもので、息子さんはお浄土に往ったのだよ。息子さんは悲しかったに違いない……」

そうなんです。

わたしたちは、誰もが愛別離苦の悲しみを味わわねばなりません。

前にも書きましたが、親が先に死ぬか、子が先に死ぬか、なるべくなら親のほうが先に死にたいですが、思うがままになりません。

江戸時代の禅僧の仙厓《せんがい》（一七五〇―一八三七）は、「何か芽出《めで》たい文句を書いてくれ」と揮毫《きごう》を頼まれたとき、

祖死　父死　子死　孫死

と書きました。頼んだ人は膨《ふく》れっ面です。そりゃそうです。だって〝死・死・死・死〟ですから、ちっとも芽出たくありません。

しかし、仙厓は言います。

「いいか、まず祖父が死んで、それから父が死ぬ。そのあと子どもが死んで、そして孫が死ぬ。この順番で死ぬことができれば、どれだけ芽出たいか。この順番が一つでも狂えば、人はどれだけの涙を流さねばならぬか」

その解説を聞いて、頼んだ人はほくほく顔をしました。

そんな逸話があります。

「いま、息子さんがどれだけ悲しんでおられるか、あなたは考えたことがないだろう。息子さんは涙を流した。その息子さんの希望は、娑婆に残ったお父さん、お母さんが、二人で協力して、息子を亡くした悲しみにしっかりと耐えてくれることなんだよ。それなのに、あなたが後追い心中をしてのこのことお浄土へ往けば、息子さんにきっと言われる。

『駄目じゃないか、お母さん。お母さんがこんなことをすれば、ぼくが流した涙の意味がなくなってしまう』

あなたはきっと息子さんに叱られる。自殺をするなら、息子さんに叱られる覚悟をつけてしなさい」

わたしの言葉を聞いて、しばらく彼女は考え込んでいました。

そのあと彼女は、

「先生、もう一度、考え直してみます」

と呟《つぶや》くがごとくに言いました。

*

それから半年ほどして、彼女はわたしに手紙を寄越しました。そこに、

「夫と二人で観音霊場の巡礼をしています」

とありました。

親鸞が説いた慈悲とは

キリスト教の天国（あるいは〝神の国〟と呼ばれることもあります）は永遠の世界です。そして仏教のお浄土も永遠の世界です。

永遠という点では、天国とお浄土は同じですが、少し違っているところがあります。それは、お浄土に往った者は、再びこの世に帰って来ることができるのです。

このことは、西方極楽世界を描写した『阿弥陀経』に、次のように説かれています。

其《そ》の国の衆生、常に清旦《しょうたん》を以て、各衣裓《おのおのえこく》を以て、衆の妙華《もろもろみょうけ》を盛り、他方十万億の仏を供養し、即《すなわ》ち食時《じきじ》を以て、還《かえ》りて本国に到り、飯食《ばんじき》し、経行《きんひん》す。

〔極楽世界の衆生は夜明けになると、それぞれ花皿に多くの美しい花を盛り、他の十万億の仏国土に行って仏を供養する。そして朝食の時間になると極楽世界に帰って来て食事をし、散歩をする〕

極楽世界の住民は、朝食の前に他の仏国土に出掛けて行きます。そして朝食時には帰って来る。だから非常に短い時間の訪問になります。

その訪ねて行く他の仏国土のうちには、当然、わたしたちの住んでいるこの娑婆《しゃば》世界、すなわち釈迦仏の仏国土が含まれています。

ということは、お浄土に往かれた人は、再びこの娑婆世界に帰って来られるのです。そのように『阿弥陀経』は言っています。

〝朝飯前《あさめしまえ》〟といった言葉があります。辞書(『大辞林』)には、

《〔朝飯を食べる前の一仕事で仕上げられることから〕きわめて簡単なこと。非常に容易なこと》

と解説されています。わたしは、ひょっとしたらこの言葉は、『阿弥陀経』に由来するのではないかと思っています。

ともかく、朝飯前はきわめて短い時間です。そんな短い時間、亡くなった人がお浄土から帰って来ても仕方がないじゃないか、と思われるかもしれません。でも、お浄土と娑婆世界では時間の長さが違います。

前に引用した宮田光雄著『キリスト教と笑い』には、次のようなユーモアがありました。貨幣単位がターレルになっていますので、日本円に翻案して紹介します。


ある男が夢で、神と直接に会話します。

「神様、あなたにとって百万年とは、そもそもどれほどの長さですか」

「わずか一分間だ」

「では、あなたにとって百億円は、どれほどですか」

「ああ、ただの一円だ」

「ああ、愛する神様、それなら、どうかわたしに一円をください」

「ほんの一分間、待っていなさい」


一分間待つということは、百万年間待たねばなりません。

これはキリスト教の話ですが、お浄土も同じだと思います。お浄土の朝飯前のわずかな時間が、われわれ娑婆世界の百年、千年、一万年に相当するかもしれません。

そうすると、お浄土に往った人は、再びこの娑婆世界に戻ってきて、しばらくのあいだ

——すなわち朝飯前の短時間、しかし娑婆世界では千年も万年も——わたしたちと一緒に暮らし、またお浄土に帰って往く。そしてまたまたこの娑婆世界に戻って来る。そういうピストン往復をしていることになります。『阿弥陀経』を読めば、そういう結論になります。

◉お浄土に往く、お浄土から還る

わたしたちはお浄土というものを、死んだあとで往く世界だと考えています。そして、永遠の世界。わたしたちはそこに往って、永遠の安らぎの生活をします。

それはそれで、まちがいではありません。

けれども、お浄土がそれだけのことであれば、それはキリスト教やイスラム教が説いている天国と同じになってしまいます。

そして、人によっては、そんなお浄土は「退屈だ」となります。

「ひろさん、お浄土に往けば退屈だよな。じっと、ぼんやりしている。ぼくは、そんなお浄土に往くより、地獄に行って鬼と一緒に酒盛りをしようと思う」

わたしにそう語った仏教学者がいます。彼の専門は『法華経』の研究で、わたしが浄土教の人間だと知っていて、わたしをからかって言ったのです。だから冗談ですが、一般にお浄土が何もすることのない退屈な世界だと思われていることはまちがいありません。

でも、違うのです。

キリスト教の天国は、永遠の安らぎの世界です。何もすることがない。けれども、仏教のお浄土は、そこで仏道修行をする場所です。

たとえば極楽浄土であれば、そこでわたしたちは阿弥陀仏の指導を受けて、仏教の教えを学びます。霊山《りょうぜん》浄土であれば、そこで釈迦仏の指導を受けて仏道修行をするのです。

だから、結構忙しいのですよ。

それから、わたしたちはお浄土に往って、再びこの娑婆世界に帰って来ます。お浄土に往きっ放しではありません。この点がキリスト教の天国との大きな違いです。

仏教学の用語では、

わたしたちが娑婆世界からお浄土に往くのを……往相《おうそう》

そしてお浄土から娑婆世界に帰って来るのを……還相《げんそう》

と呼んでいます。日本仏教では、この「往相・還相」の教義は、あまり説かれていません。ただ親鸞だけが、これを強調しました。けれども、中国仏教では、これが強調されています。とくに北魏《ほくぎ》の曇鸞《どんらん》（四七六―五四二）がこれを力説しています。

では、お浄土に往った人が、なぜ再び娑婆世界に帰って来るのでしょうか?

いま述べたように、われわれがお浄土に往くのは、そこで仏の指導を受けて、わたしたち自身が悟りを開いて仏になるためです。みずからが仏になるためです。それは自分の利益のためです。

自分の利益のために修行するのは、小乗仏教です。大乗仏教には、利他の精神がなければなりません。

仏になった者は、その仏の能力によって大勢の衆生を救わねばならない。大勢の衆生を救ってこそ、はじめて大乗になるのです。

だから、お浄土において仏になった者は、必ずこの娑婆世界に戻って来て、大勢の衆生を救う活動をせねばならない。それが還相です。

そのことを親鸞は『歎異抄』(第四段)で、次のように言っています。

慈悲に聖道《しょうどう》・浄土のかはりめあり。

聖道の慈悲といふは、ものをあはれみ、かなしみ、はぐゝむなり。しかれども、おもふがごとくたすけとぐること、きはめてありがたし。

浄土の慈悲といふは、念仏していそぎ仏になりて、大慈大悲心をもて、おもふがごとく衆生を利益《りやく》するをいふべきなり。

〔聖道門と浄土門とでは、慈悲の考え方が違っている。
聖道門で言う慈悲は、対象を憐れみ、悲しみ、保護してやろうとするものだ。しかしながら、思いのままに他人をたすけてあげることは、まずはできそうにない。
そこで浄土門では、慈悲は、お念仏をして自分自身が急いで仏になり、その仏の大慈悲心でもって自由自在に衆生を救うことを言うのである〕

聖道門というのは、自力の仏教です。自分の力で悟りを目指します。それに対して浄土門は他力の仏教。われわれはこの娑婆世界では悟りが得られないから、お念仏をして、仏の力によってお浄土に生まれさせてもらい、そこで仏になろうとするのです。

そして親鸞は、仏になった自分が再び娑婆世界に戻って来て、大勢の衆生を救う、それが慈悲だと考えました。自分の利益のためだけの往生ではない。お浄土に往くのは衆生を救うためだ。親鸞はそう考えたのです。

「お浄土は、わたしたちのふるさと」

親鸞は、わたしたちがお浄土に往き、そこで悟りを開いて仏になり、再びこの世に帰って来ることを考えました。ところが、一〇一ページに引用した『阿弥陀経』の文章を読んでみると、まだ仏になっていない段階で、お浄土に往った人が再びこの娑婆世界に戻って来るようです。

仏になる前の修行中の人を、仏教では〝菩薩《ぼさつ》〟と呼びます。『阿弥陀経』は、お浄土にいる菩薩が、朝飯前《あさめしまえ》に他の仏国土に出掛けて行って、そして極楽浄土に戻って朝食をとると書いています。菩薩が出掛ける他の仏国土の一つにわが娑婆世界がありますから、わが娑婆世界には極楽浄土から大勢の菩薩が来ておられることになります。

その点では、法然が、自分は極楽世界からこの娑婆世界に来た菩薩だ、といった認識を持っておられたのではないかと思われます。

というのは、法然が入滅したのは建暦二年（一二一二）一月二十五日。その年の一月二日に彼は病床に就きます。そして、その翌日の出来事を、『法然上人行状絵図』（第卅七）

は次のように記しています。

同三日、ある弟子、「今度《こたび》、御往生は決定《けつじょう》歟《か》」とたづね申に、「われ、もと極楽にありし身なれば、さだめてかへりゆくべし」とのたまふ。

「このたびのご往生はまちがいございませんか？」と弟子の一人が尋ねました。でもまあ、よくそんな質問ができたものですね。弟子の厚顔にはびっくりさせられます。

それに対する法然の答えがいいですね。「われ、もと極楽にありし身なれば、さだめてかへりゆくべし」――「わたしはもともと極楽世界にいたのだ。極楽世界はわたしの故郷だ。だから、まちがいなくわたしは故郷に帰る」。法然はそう言っているのです。

わたしは、これは法然だけに限ったことではないと思います。わたしたちのみんなが、**お浄土からちょっと朝飯前に、この娑婆世界にやって来ているのだ。そう考えたほうがよいと思っています。**

お浄土から来ているのだから、お浄土に帰るのはあたりまえです。

もちろん、もう少しこの娑婆世界にいてもいいですよ。その場合は、輪廻転生です。来世は天上界・人間界・阿修羅界・畜生界・餓鬼界・地獄界のいずれかに生まれます。と言えば、餓鬼に生まれるのはおかしい。地獄に堕ちるのはおかしい、と思われるかもしれません。そう思われるのは、地獄に堕ちるのは悪いことをしたからだと考えるからです。輪廻の思想の背後には、善いことをすれば天上界に生まれることができ、悪いことをすれば地獄界に堕ちるといった法則性があります。だから、地獄に生まれるのはおかしいとなります。

けれども、この場合は、
――願生《がんしょう》の菩薩――
といった考え方にもとづいています。

わたしたちはお浄土の住人です。だから、何もこの苦しみの多い娑婆世界に来る必要はありませんが、それをわざわざ願って、自由意志でもってこの娑婆世界にやって来ているのです。そう考えるのが願生の菩薩の理論です。

ですから、わたしたちはお浄土にいたのですが、わざわざ願って娑婆世界に生まれてきました。この生が終わったあと、故郷であるお浄土に帰ってよいのです。でも、もうしばらく娑婆世界にいようと思う人は、輪廻転生するのです。みずからの意志で、天上界・人間界・阿修羅界・餓鬼界・地獄界のいずれかに願生します。

悪業の報いとして地獄に堕ちるのではありません。願生の菩薩として地獄に生まれるのです。

これが法然の考え方だとわたしは思います。わたしは、この法然の考え方を、

――ふるさと浄土論――

と名づけています。お浄土はわたしたちの生まれ故郷なんですよ。

ところが、驚いたことに、法然の教えを奉じているはずの現在の浄土宗の学者のうちには、「われ、もと極楽にありし身なれば、さだめてかへりゆくべし」と言っていいのは、法然だけであって、われわれ凡人にはそう言う権利はない、と主張する学者がいます。全部が全部の学者がそうではありませんが、一部の学者はそう主張します。われわれ普通の人間が、自分はお浄土から来た人間だから、死んだら再びお浄土に帰ると言うのは、

――厚かましい――

という理由です。法然は立派な高僧だからそう言えるのであって、おまえら凡人は駄目だというのですね。

なぜそんな主張がなされるのか？　それは、われわれが生まれ故郷であるお浄土に帰って往くといった信仰を持てば、浄土宗の僧侶の存在価値がなくなるからです。

彼らは、お浄土に往くためには、立派な葬儀をやり、年回法要といった追善供養をしないといけないよと教えています。だから、「みなさんが後押ししてあげてください」と、それで生活費を稼いでいます。「ふるさと浄土論」なんて、とんでもない邪説になります。そんなことを言うのは営業妨害だということになります。

でも、われわれは浄土宗の教団維持のためにお浄土の教えを学んでいるのではありませんから、法然の教えは「ふるさと浄土論」であったと考えて何の遠慮もありません。われわれ愚かな凡夫の全員が、みんなお浄土からこの世界にやって来たのです。そして、この世界で疲れ果てたとき、仏にお願いして故郷のお浄土に帰還させてもらいましょう。**お坊さんにお願いするのではありません。仏にお願いするのです。**それが法然の教えです。わたしはそう考えています。

◉沢庵の言葉

日本の代表的な漬物の沢庵漬け《たくあん》は、江戸初期の禅僧の沢庵（一五七三―一六四五）の創製だと言われています。徳川第三代の将軍の家光はこの沢庵に帰依し、沢庵のために品川に東海寺を創建し寄進しました。

ある日、家光がこの東海寺にやって来ます。しかし、禅寺には、将軍のお膳に献ずる珍しいご馳走などありません。沢庵は、そこで「貯《たくわ》え漬《づ》け」の香の物を出しました。家光はそれを喜んで食べ、

「これは〝貯え漬け〟にあらず。〝沢庵漬け〟なり」

と言った。そこから〝沢庵漬け〟の名が出来たとされています。

まあ、それはともかく、わたしはここで沢庵の言葉を紹介しようと思います。

此世《このよ》の人、来たとおもへは、苦労もなし。心に叶ひたる食事にむかひては、よき馳走におもひ、心に不《かなわ》レ叶《ざる》時も、客なれば、ほめて喰ねはならす。夏の暑をもらへ、冬の寒さも、客なれは、こらへねはならす。孫子兄弟も相客と思へは、中よくくらして、あとに心を残さす、御いとま可申候《もうすべくそうろう》。かしこ。

たらちねによはれて仮の客に来て
こころのこさすかへる故郷

（『結縄集』）

〔人間、この世にやって来たと思えば苦労はないものだ。満足できる食事が出されたら、

すばらしいご馳走になったと思っていただき、満足できないときでも、自分は客であるのだから、褒めて食わねばならない。夏の暑さ、冬の寒さも、客であるからじっと耐えねばならぬ。子や孫、兄弟たちも自分と一緒にやって来た相客と思って仲良く暮らし、心を残さずさらりと辞去せねばならぬ。かしこ。

父母《ちちはは》に喚《よ》ばれて仮の客に来て
こころ残さず帰る故郷」

沢庵は禅僧ですから、〝お浄土〟といった言葉を使っていません。しかし、彼は明らかに、

「われわれは仏国土からこの娑婆世界にやって来たのだ」

「だからこの娑婆世界において、われわれは居候《いそうろう》なんだ」

と考えています。そして寿命がきたら、心残りなくこの世を去って故郷の仏国土に帰るのです。

だとすると、禅僧の沢庵は浄土宗の法然と同じ考えであったのですね。

娑婆世界に遊ぶ

『観音経』というお経があります。観音信仰によって得られる現世利益《りやく》を説いており、人口に膾炙《かいしゃ》した経典です。

じつはこのお経、本来は『法華経』の中の一章――「観世音菩薩普門品《かんぜおんぼさつふもんぼん》」と題されています――であったのですが、それを独立させて一つのお経として読まれているのです。

でも、『法華経』の成立史を研究する学者の意見によりますと、もともと『観音経』は独立した経典であったのですが、それがのちに『法華経』の中に編入されたといいます。入ったり出たり、ややこしいですね。まあ、ともかく『観音経』は、『法華経』の中の一章として読まれもしますし、独立した経典として読まれもします。

ところで『観音経』は、観音様、正しく言えば観世音菩薩（しばしば、それを省略して〝観音菩薩〟と呼ばれます）の救済力のすばらしさについて述べた経典です。この経典の冒頭の部分で、釈迦世尊が、

「若《も》し無量百千万億の衆生ありて、諸の苦悩を受けんに、この観世音菩薩を聞きて一心に名《みな》を称えば、観世音菩薩は、即時《ただち》にその音声《おんじょう》を観じて皆、解脱《まぬが》るることを得せしめん」

〔さまざまな悩みに苦しんでいる衆生が何千億、何兆もいる。しかし彼らが観音菩薩の存在を知り、観音菩薩の名を称えるならば、その音声を観じた観音菩薩はただちに、その人を苦悩のうちから救出してくださるであろう〕

と言っておられます。それが故に、この菩薩は〝観音菩薩〟(音声を観ずる菩薩)と呼ばれるのです。

さて、観音菩薩といえば、じつは極楽世界においでになる菩薩です。この説明が『観音経』にはないのですが、わざわざ説明しないでも、観音菩薩が阿弥陀仏の脇侍《きょうじ》(〝わきじ〟とも読みます)であることは誰もが知っていることです。脇侍というのは、仏の両脇に侍して立ち、仏の衆生教化の働きを助ける菩薩です。阿弥陀仏の脇侍は観音菩薩と、もう一人は大勢至《だいせいし》菩薩です。また、釈迦仏の脇侍は文殊《もんじゅ》菩薩と普賢《ふげん》菩薩。薬師如来の脇侍は日光菩薩と月光《がっこう》菩薩です。

したがって観音菩薩は、極楽世界にあって阿弥陀仏の教化の働きを補佐しておられる菩薩です。

でも、極楽浄土における衆生教化の仕事は、実際には阿弥陀仏がてきぱきとやってしまわれるので、観音菩薩が手伝う部分がほとんどありません。だから観音菩薩は暇なんです。

そこで観音菩薩は、われわれのこの娑婆世界に遊びに来られます。

わたしはいま、極楽世界において観音菩薩は暇だから、娑婆世界に遊びに来ておられると書きました。しかし、これはわたしの勝手な創作です。あまり文献的に根拠がありません。

そこでこれを不まじめだと読者が思われるのであれば、一〇一ページに引用した、『阿弥陀経』の「朝飯前」の話を思い出してください。観音菩薩は毎朝、十万億の仏国土を訪問されます。その訪問先の仏国土の一つに娑婆世界があります。そう考えると、観音菩薩の娑婆世界への来訪が、『阿弥陀経』によって裏付けられます。

そうすると、次の問題は、観音菩薩はいかなる姿になってわたしたちのこの娑婆世界に来られるのか、ということです。

お浄土にいる姿のままではこの娑婆世界に来られません。なにせ極楽世界の人々は巨人で、身長が何千キロメートルもあるとされています。日本列島の長さよりも長いのですよ。

したがって、当然に娑婆サイズに合わせて、変身して来なければならないのです。

では、いかなる姿に変身されるのでしょうか？

じつはそのことが、『観音経』の中で釈迦世尊に質問されています。


「世尊よ、観世音菩薩は、云何《いか》にしてこの娑婆世界に遊ぶや。云何にして衆生のために法を説くや。方便の力、その事云何ん」


〔「お釈迦様、観音菩薩はどのような姿になってこの娑婆世界に来ておられるのですか？

どのようにしてこの娑婆世界の衆生に教えを説いておられるのですか？　その方法を教えてください」〕

ここでちょっと、〝遊ぶ〟という言葉が気になるかもしれません。観音菩薩が娑婆世界に遊びに来ておられるといえば、まるで物見遊山に来ておられるかのように聞こえます。

でも、そうではありません。〝遊学〟という言葉があります。

《ふるさとを離れて、よその土地や国に行って勉強すること》（『大辞林』）

と辞書にあります。観音菩薩は故郷の極楽世界を離れて、娑婆世界に勉強に来ておられるのです。ということは、この娑婆世界で衆生済度の働きをしておられるのです。

それから、〝遊戯〟といった言葉があります。これも辞書によると、

《〔仏〕仏、菩薩、また悟りの中にいる修行者が、自由自在にふるまうこと》

と解説されています。他人がわたしのために一生懸命、汗水たらして働いてくだされば、こちらのほうは気疲れがします。仏や菩薩が遊戯の気持ちで働いてくださってこそ、救われる衆生も楽なんです。観音菩薩が遊びに来ておられるのは、そういう自由自在の境地におられることを意味するのでしょう。

さて、観音菩薩はどのような姿になって、この娑婆世界に遊んでおられるのですかといった質問に対して、

――観音菩薩は三十三身《じん》に変身して、この娑婆世界で衆生のために教えを説いておられる――

と答えられました。

それで、古来、観音菩薩の変身は三十三とされているのですが、読み方によっては

三十五になります。あまり細かなことを言うと話がややこしくなりますから、伝統にしたがって三十三身にしておきます。次の通りです。いちいち解説はしないで、名前だけを列挙しておきます。

——1仏　2辟支仏《びゃくしぶつ》　3声聞《しょうもん》　4梵王《ぼんのう》　5帝釈《たいしゃく》　6自在天　7大自在天　8天の大将軍
9毘沙門《びしゃもん》　10小王　11長者　12居士《こじ》　13宰官《つかさびと》　14婆羅門《ばらもん》　15比丘《びく》　16比丘尼《びくに》　17優婆塞《うばそく》
18優婆夷《うばい》　19長者の婦女《ぶにょ》　20居士の婦女　21宰官の婦女　22婆羅門の婦女　23童男　24童女　25天　26竜　27夜叉《やしゃ》　28乾闥婆《けんだつば》　29阿修羅　30迦楼羅《かるら》　31緊那羅《きんなら》　32摩睺羅迦《まごらか》　33執金剛神《しゅうこんごうしん》——

要するに観音菩薩は、教化する相手にふさわしい姿になって、教えを説いておられるわけです。

*

すでに述べたように、『観音経』は『法華経』の中の一章、第二十五章の「観世音菩薩普門品」を独立させたものです。ところで、その『法華経』は、他の章においても、菩薩が娑婆世界に遊びに来ておられることを述べています。

すなわち、第二十三章の「薬王菩薩本事品」において、

「世尊よ、薬王菩薩は云何《いか》にして、娑婆世界に遊ぶや」

といった質問に、釈迦世尊は、薬王菩薩は日月浄明徳《にちがつじょうみょうとく》如来の仏国土よりこの娑婆世界に遊びに来ておられる菩薩だと答えておられます。ここでは、薬王菩薩がいかなる姿に変身しておられるかは述べられていませんが、第二十四章の「妙音《みょうおん》菩薩品」においては、雲《うん》雷音王《らいおんおう》仏の仏国土より来られた妙音菩薩が三十四身に変身しておられることを述べています。観音菩薩の三十三身より、一つ多いわけです。

その三十四身は次の通りです。これも名称だけを紹介します。

——1梵王《ぼんおう》　2帝釈天《たいしゃくてん》　3自在天　4大自在天　5天の将軍　6毘沙門天王《びしゃもんてんおう》　7転輪《てんりん》
聖王《じょうおう》　8小王　9長者　10居士《こじ》　11宰官《さいかん》　12婆羅門《ばらもん》　13比丘《びく》　14比丘尼《びくに》　15優婆塞《うばそく》　16
優婆夷《うばい》　17長者の婦女《ふにょ》　18居士の婦女　19宰官の婦女　20婆羅門の婦女　21童男　22童女
23天　24竜　25夜叉《やしゃ》　26乾闥婆《けんだつば》　27阿修羅《あしゅら》　28迦楼羅《かるら》　29緊那羅《きんなら》　30摩睺羅伽《まごらが》　31地獄
32餓鬼　33畜生　34王の後宮《ごぐう》における女身《にょしん》——

したがって、娑婆世界に遊びに来ておられるのは観音菩薩だけではありません。『法華経』は、観音菩薩のほかに薬王菩薩と妙音菩薩の名前を挙げていますが、わたしは、そのほかさまざまな仏国土から、さまざまな菩薩がこの娑婆世界に遊びに来ておられると考えるべきだと思っています。

しかしながら、話をあまり広げすぎるとややこしくなります。われわれは、以下においては、極楽世界からこの世に遊びに来ておられる観音菩薩を代表者にして、話をすすめることにします。

誰が観音様か

観音菩薩の三十三の変化身。覚えようと思ってもなかなか覚えられません。どうもインド人は、アト・ランダム（無作為）に名称を列挙する悪いくせがあります。系統立っていないから、覚えるのが困難になるのです。

それでわたしは系統立てて、観音菩薩の変化身を次の六つに絞り込むことにしました。

——比丘《びく》・比丘尼《びくに》・優婆塞《うばそく》・優婆夷《うばい》・童男・童女——

比丘・比丘尼は出家者修行で、男性が比丘、女性が比丘尼です。優婆塞は男の在家信者で、優婆夷は女性の在家信者。そして童男が男の子ども、童女は女の子。この六つで、

——出家も在家も、おとなも子どもも、男も女も——

すべての仏教者が網羅されます。

だとすれば、いま、あなたの隣にいる人がひょっとすれば観音菩薩、観音様かもしれません。あなたのお姑さんが観音様かもしれない。あなたの夫が、妻が観音様であるかもしれません。でも、あのお姑さんは意地悪だ。あの人は観音様ではないかもしれません。

観音様か／観音様でないか、どこで見分けることができるのでしょうか……？

最初、わたしは、その見分け方を一生懸命考えてみました。でも、その見分け方は分かりません。

その次に思ったのは、姿や形で見分けることは不可能だ。その人がどういう行動をとるか、その行動によって観音様か否かを識別すべきだ、ということです。

では、いかなる行動をする人が観音様でしょうか？

その行動をあれこれ考えているうちに、はっとわたしは気づきました。仏教は、この人は善い人／この人は悪人と、人を差別してはいけないと教えているのだということに。この人は観音様、この人はそうじゃないと差別するのであれば、全員が悪魔だと思ったほうがよいのです。

それに気づいたわたしは、『観音経』の教えは、

――いま、あなたの隣にいる人が観音様だと信じなさい――

ということだと思いました。そして、隣の人が観音様であれば、わたしもまた観音様でなければならない。なぜなら、わたしが観音様でなければ、隣の人は隣の人が観音様だと信じることができなくなるからです。

したがって『観音経』の教えは、

――あなたが観音様、そしてわたしが観音様、みんなが観音様――

ということになります。われわれ仏教者の全員が、極楽世界からこの娑婆世界に遊びに来ている観音菩薩です。そのように『観音経』『法華経』は言っているのです。

しかし、勘違いしないでください。みんなが観音様といっても、みんなを好きになれとわたしが言っているのではありません。好きになれればいいのですが、どうしても好きになれない人がいます。それを無理に好きになろうとすれば、かえって憎しみが増大することが多いようです。

わたしが言っているのは、**たとえばお姑さんであれば、そのお姑さんを観音様と信じて嫌いなさいということです。**お姑さんのほうからすれば、嫁を観音様と信じて嫌うのです。

相手を観音様と信じて嫌い、観音様と信じて憎めば、少しはよい結果が得られるか？たぶん少しも変わりはないでしょう。

じつは、結果を期待して行動するのは功利主義です。結果は期待しないでください。あなたは憎っくきお姑、憎たらしい嫁を観音様と信ずればよいのです。そのように信じていれば、そのお姑さんがお浄土に往かれたとき、

〈ああ、あの人はお浄土にお帰りになったんだな。そして、わたしもいずれお浄土に帰る。お浄土に帰ったあと、あの人と語り合おう。わたしにも至らぬところがあったとお詫びしよう……〉

といった気持ちになれます。〈あんなお姑さんのいるお浄土になんか往きたくない。わたしは地獄に行きたい〉と考えるより、そのほうがはるかに精神的に楽になれます。それが功用といえば功用になります。

また、わが子が先に亡くなったようなときも、

〈あの子はふるさとに帰ったのだ〉

と考えることができます。それによって愛別離苦の苦しみが少しは軽減されるでしょう。

＊

親鸞は、わが国において、僧でありながら公然と結婚をした最初の人です。明治維新以後、お坊さんが結婚するのはあたりまえに思われるようになりましたが、古代の律令制度の下では、僧の妻帯は厳しく禁じられていました。

親鸞の妻は恵信尼《えしんに》といいます。じつは、親鸞には恵信尼のほかにもう一人の妻がいた可能性がありますが、ともかく恵信尼が親鸞の妻であったことはまちがいありません。親鸞

と恵信尼のあいだに、数人の子どもが生まれています。

親鸞が九十歳で亡くなったとき、妻の恵信尼が娘に手紙を出しています。その手紙は、四十年以上も昔、二人が常陸国《ひたちのくに》下妻（茨城県下妻）にいたとき、恵信尼が見た夢を思い出して語ったものです。

夢の中で、彼女は二体の仏の絵像を見ます。そのうちの一体の仏は、ただ光だけで顔がよく見えません。そこで彼女が「この仏はどなたですか？」と尋ねると、見知らぬ人が、

「あの光ばかりの方は法然上人で、勢至菩薩ですよ」

と教えてくれました。そして「もう一体の仏は？」と尋ねると、

「あれは観音菩薩です。親鸞聖人ですよ」

という答え。そこで彼女は目が覚めます。

のちに恵信尼は、観音菩薩＝親鸞のことは語らずに、ただ勢至菩薩＝法然のことだけを夫の親鸞に語りました。すると親鸞は、

「夢にもいろいろあるが、きっとその夢は正夢だろう。法然上人が勢至菩薩の化身であるという夢を見た人がたくさんいるのだし、勢至菩薩が智慧《ちえ》にすぐれた方で、光そのものであることはまちがいないのだから」

と言います。そうすると、親鸞が観音菩薩の化身であることはまちがいありません。

「わたくしの心の中では、その後はずっと殿（夫の親鸞）が観音菩薩であられると信じ続けてきました」（現代語訳）

娘への手紙の中で、そのように恵信尼は語っています。

妻が夫を観音様と信じて生きている姿。なんと美しい姿でしょうか。

だが、じつは、親鸞自身が二十九歳のときに京都の六角堂に百日間参籠し、そこで観音菩薩の夢告を得て、結婚に踏み切ったのです。その観音菩薩の夢告は、

――そなたが結婚に踏み切るなら、わたし（観音菩薩）があなたのパートナーになってあげる――

というものでした。したがって親鸞は結婚するとき、妻を観音様と信じて結婚したのです。夫が妻を、妻が夫を観音様と信じる。まさにそれが「あなたが観音様、そしてわたしが観音様、みんなが観音様」です。わたしは、日本の仏教者の生き方がここに示されていると思っています。

4章

わたしたちは、何のために生きているのか

思うがままにならないこと

では、わたしたちは、何のためにこの娑婆世界にやって来たのでしょうか……？

わたしたちは観音菩薩です。観音菩薩が極楽世界から姿を変えて、ちょっと朝飯前にこの娑婆世界に遊びに来たのです。

もっとも、『法華経』によりますと、わたしたちは観音菩薩ではなしに、薬王菩薩や妙音菩薩の可能性もあります。しかし、話を簡単にするために、いまは観音菩薩だけにしておきます。

で、観音菩薩であれば、三十三身に姿を変えておられます。

だが、わたしたちは仏ではありません。観音菩薩の三十三身のトップに仏が挙げられています。そして仏であれば、この娑婆世界に説法のために来たことになりますが、わたしもあなたも仏ではありませんね。

わたしたちはもっと平凡な人間で、比丘・比丘尼・優婆塞《うばそく》・優婆夷《うばい》・童男・童女の一人です。いや、比丘はサンスクリット語の〝ビクシュ〟を音で訳した語で、これは「乞う人」

「乞食者《こつじきしゃ》」を意味します。出家をし、托鉢《たくはつ》によって生きる人が比丘であって、いわばホームレスです。女性の乞食者が比丘尼。だとすると、日本には比丘や比丘尼はおいでになりません。したがって、わたしたちは、

――優婆塞・優婆夷――

です。すなわち、仏教の在家信者です。日本の僧侶も、在家信者と呼んでまちがいではありません。結婚をして、立派な家（寺院も家です）に住んでおられます。

かくてわたしたちは、本当は極楽浄土の観音菩薩なんですが、優婆塞・優婆夷の姿になって極楽浄土からこの娑婆世界にやって来たことになります。

では、何のためにやって来たのでしょうか？

もちろん、遊ぶためです。遊学のためです。留学のためと言ってもよいでしょう。留学のためだとすれば、その目的は、本国（極楽世界）においては学べないものを学ぶために、外国（娑婆世界）に留学するのです。

だが、考えてみれば、本国＝極楽世界には阿弥陀仏がおいでになり、現在も説法しておられます。立派な指導教官がおいでになるのに、指導教官のいない娑婆世界――娑婆世界には釈迦仏がおいでになったが、釈迦仏の入滅後は無仏の状態です――にわざわざ来るの

はおかしいですね。

しかし、極楽世界においては、われわれが学べないものがあります。

じつは、極楽世界は光ばかりの世界なんです。阿弥陀仏の別名に〝無量光仏〟（はかりきれない光明を持つ仏）がありますが、その仏の無限の光に照らされている世界が極楽浄土です。

したがって、極楽世界には、光だけがあって影がありません。

そして、影がないと、わたしたちに物が見えないのです。

気象学の用語に〝ホワイトアウト〟があります。これは、雪原において、一面の雲のために太陽光線が乱反射をし、何も見えなくなる現象をいいます。南極大陸や、わが国では北海道の北端でときどき起きる現象です。

わたしは昔、気象大学校で哲学を教えていましたが、南極観測隊に参加した教え子の一人から聞きました。ホワイトアウトになると、何も見えない。自分の手も足も、鼻先も見えず、まるでミルクセーキの中にいるようだと言っていました。ですから、天地の区別すら分からなくなり、方向や距離の感覚もなくなる。少しでも動くとクレバス（氷河や雪渓の割れ目）に落ちる危険があるから、じっと動かないでいないといけない。そんなふうに話してくれました。

わたしたちに物が見えるのは、たしかに光があるからです。光のない闇の中では、物は見えません。けれども、光ばかりになると、逆に物が見えなくなるのです。つまり、光と影があって、はじめて物が見えるのです。

お浄土は光ばかりの世界です。だから、そこでは物が見えません。

それで、お浄土の菩薩は、わざわざ影がある娑婆世界に遊学せねばならないのです。

◉苦にするな！

では、影とは何でしょうか？

光は楽です。極楽世界は「至極の楽しみの世界」であり、「楽しみが極まる世界」です。

とすると、影とは、「楽」の反対の「苦」になります。

娑婆世界は「苦」の世界です。

〝四苦八苦〟という言葉があります。最初の四苦は、
生苦……生まれるときの苦しみ。

老苦……老いる苦しみ。

病苦……病気になる苦しみ。
死苦……死ぬときの苦しみ。

です。これに次の四苦を加えて八苦になります。

愛別離苦《あいべつりく》……愛する者と別離する苦しみ。
怨憎会苦《おんぞうえく》……怨み・憎む者に会わねばならぬ苦しみ。
求不得苦《ぐふとくく》……求めるものが得られない苦しみ。
五陰盛苦《ごおんじょうく》……われわれの肉体と精神のすべてが苦しみである。

このように、娑婆世界においては、あらゆることが苦しみです。

ちょっとコメント（注釈）しておきます。〝苦〟という語はサンスクリット語の〝ドゥフカ〟を訳したものですが、このサンスクリット語の〝ドゥフカ〟には、「苦しい」といった意味はありません。この語は、

――思うがままにならないこと――

といった意味です。老いることも、病気になることも、その病気が早く治ることも、われわれの思うがままになりません。愛する者と別れねばならないことも、怨み・憎む者に会わねばならぬことも、思うがままにならないことです。わたしたちはさまざまな物を欲

しがっています。品物ばかりではなく、地位や名声、権力を求めています。しかし、求めるものは思うがままに得られません。

にもかかわらず、わたしたちはそれらを思うがままにしたいと思います。病気になりたくない、早く出世したいと思い、思うがままにならないものを思うがままにしようとします。そうすると苦しくなるのです。そこで漢訳仏典は、〝ドゥフカ〟を〝苦〟と訳したのです。

したがって、仏教は、思うがままにならないことを、思うがままにしようとするな！　と教えています。つまり、「苦にするな！」と教えているのです。

病気になれば、わたしたちは病気を早く治したいと焦ります。いくら焦っても、病気は治るまで治りませんよ。それは病気を苦にしているのです。

浄土真宗大谷派の学者に安田理深《りじん》（一九〇〇―八二）がいました。彼の居宅が隣家からの貰い火で全焼します。大事な蔵書も研究ノートも失ったのです。そのとき彼は、隣家の人を怨みました。彼は隣の人に自分の大事なものを、

――焼かれた――

と思ったのです。そして、復讐を考えました。

しかし彼は、〈自分は仏教を学んでいる人間だ。だから隣人を赦さねばならない〉と思ったそうです。それで、彼は、自分の家を自分で、

——焼いた——

と思おうとしました。けれども、どんなに努力しても、そうは思えない。事実ではないのだから、そう思うことはできないのです。

最後に安田理深は、あれは、

——ただ焼けた——

と思うことができるようになったといいます。「焼かれた」でもない、「焼いた」でもない、「ただ焼けた」のです。そうすると気持ちが楽になったと、彼はそう語っています。

この世のことは、わたしたちの思うがままになりません。火事に遭うのも苦しみです。そしてその苦しみから立ち直るのも思うがままになりません。そのような世界でどう生きればよいか、ちょっと先走って書いてしまいましたが、ともかくわたしたちはこの四苦八苦の世界にやって来たのです。

何のためか……? 光の世界からやって来たのは、影を学ぶためです。苦しみを味わうためです。わたしはそう思っています。

この世は「縁」の世界

わたしたちのこの娑婆世界は「苦の世界」です。と同時に、ここは、

――ご縁の世界――

です。いろんな縁によって成り立っているのです。

ある女性が檀那寺《だんなでら》の和尚さんに愚痴《ぐち》をこぼしました。「うちの子はちっとも言うことを聞かない」と言うのです。

和尚さんが彼女に訊きます。

「ところで、お子さんは何歳じゃ？」

「九歳です」

「で、あんたは何歳じゃ？」

「まあ、和尚さん、女性に年を訊かないでください」

「いいから、いいから、言いなさい。そうじゃないと、あんたの相談に乗れんよ」

「三十六歳です」

「違う！　あんたは三十六歳じゃない。あんたは九歳だよ」

「……？」

「いいか、あんたのお子さんは九歳だ。そうすると、あんたはお子さんによって母親にしてもらったのだから、あんたが母親になったのはお子さんが生まれたときだ。だからあんたは九歳なんじゃ」

　それで彼女に和尚の言う意味が分かりましたが、なぜ和尚がそんなことを言うのか、その理由は分かりません。

　和尚はこう説明します。

「あんたは、自分は三十六歳で、子どもは九歳だと考えている。自分は年上で、子どもは幼いと思っている。それがまちがいじゃ。親子というものは、同年齢だ。子は親に産んでもらって子になったが、親は子が生まれたことによって親にしてもらったのだ。だから九歳の子が迷っていると同時に、九歳の親も迷っているのだ。お互いに迷いながら、助け合って生きるのだ。親が子を指導するといった意識では、うまくいかんのはあたりまえじゃ」

　これが「縁」という考え方です。親と子が別々にあって、そして親子の関係を結ぶのではありません。親は子に縁《よ》って親にしてもらい、子は親に縁《よ》って子にしてもらったのです。そのような相互依存関係を「縁」といいます。

一メートルの棒は、五十センチの棒とくらべると長いですが、二メートルの棒にくらべると短いのです。つまり、長いものに縁《よ》って短いものがあり、短いものに縁《よ》って長いものがあります。大・中・小といったものも同じです。すべてのものは縁によって成り立っているのです。

娑婆世界は、そういう「ご縁の世界」です。

そこで、十七世紀、フランスのモラリスト（随筆家）のラ・ブリュイエール（一六四五―一九六）は、左の警句を吐いています。

　この世では、出世するのに二つの方法しかない。自分自身の努力によるか、それとも他人の愚かさによるか。

一本のマッチ棒を持って来て、これを短くせよと言われたら、そのマッチ棒を折ればよいでしょう。逆に、そのマッチ棒を長くせよと言われたら、どうしますか？　簡単です。別に一本のマッチ棒を持って来て、それを折ればよいのです。そうすると、その短くなったマッチ棒に対して、もとのマッチ棒は長くなっています。

ラ・ブリュイエールは、それと同じことを言っています。愚かで出世できない人間がいれば、その人間に対して自分は出世したことになると言っているのです。

しかし彼は、もう一つの方法がある、すなわち自分が努力することによって出世できると言っていますが、これはまちがいです。いくら努力しても、自分より優秀な人間がいて、その人が努力すれば自分は出世できません。したがって、自分が出世するには、愚かな他人がいてくれないと困るのです。それがご縁の世界のあり方です。

わたしたちは、そんなおかしな世界にやって来たのですね。

◉役割は偶然によって決まる

優等生―劣等生というのは、まさにご縁の関係です。優等生がいるから劣等生がいるのであり、劣等生がいるおかげで優等生がいるのです。全員が優等生になることはできません。逆に全員が劣等生になることもありません。

そして、高校の優等生ばかりを集めた一流大学でも、しばらくすれば優等生と劣等生が出来ます。なかには大学の授業についていけず、中途退学をせざるを得ない劣等生が出てくるのです。

それはアリやミツバチの世界でも同じだそうです。わたしが昆虫学者から聞いたところによると、だいたい二割のアリが勤勉な働き者で、残りの八割は怠け者だそうです。

そして、勤勉なアリばかりを集めてコロニー（集団）をつくると、しばらくすれば八割が怠け者になったそうです。逆に怠け者ばかりを集めてコロニーをつくれば、すぐに二割が勤勉に働き始めたといいます。したがって勤勉家と怠け者の比率は、いずれの集団においても二対八になっているのです。

また、イタリアの経済学者のパレート（一八四八―一九二三）は、「パレートの法則」を提唱しました。セールスの世界においては、

――優秀な二割の社員が全体の売り上げの八割を売り、残りの八割の社員が二割を売っている――

そうです。もっとも、これは経験則であって、正確な調査によるものでも、理論的根拠のあるものでもありません。しかし、ともかくこの娑婆世界がご縁の世界であることはまちがいないでしょう。

ということは、この娑婆世界において、あなたが優等生になるか／劣等生になるかは、

偶然によって決まるのです。もしもあなたの隣に、あなたより優秀な者がいれば、あなたは劣等生になります。そして劣等生として苦労せねばならない。

反対にあなたの隣の人が劣等生であれば、あなたは優等生になれます。でも、優等生になれば苦労しないでいいのではありません。優等生は優等生なりに苦労があります。他人に追い抜かれないように、必死に努力せねばなりません。わたしは小学校・中学校では優等生だったもので、優等生の心境はよく分かります。

〈いっそ劣等生であったら、こんなに苦労しないですむのに……〉

と、劣等生が羨ましくなったことがあります。

いえ、劣等生には劣等生の苦労があります。この娑婆世界は苦労の世界だから、誰もが苦労せねばならないのです。

それはともかく、**わたしたちがお浄土からこの娑婆世界にやって来て、そこでどのような役割を果たすか、それは偶然によって決まるのです。**

なぜならこの世はご縁の世界です。ご縁というのは、隣に誰が来るかによってこちらの役割が変わるのですから、それは偶然なのです。

だが、なるほどご縁によるものかもしれないが、それぞれの人の実力というものがあるはずだ。おまえは実力というものを無視している、と反論があるかもしれません。しかし、能力・実力というものは、相当程度に環境の影響を受けるものだということが、現在では通説になっています。そして環境は偶然に支配されています。隣に誰が来るか、それが環境です。だから、実力だって偶然に支配されていると考えたほうがよいでしょう。

ともかくこの世はご縁の世界なんですよ。

金持ちの役割・貧乏人の役割

あなたが金持ちになるか、それとも貧乏人になるか、それは偶然によるものです。

わたしたちは努力すれば金持ちになれるかのように考えますが、努力だけでは金持ちになれませんよ。運に恵まれないと駄目なんです。

いや、そもそも、いったいどれぐらいの資産があると、金持ちといえるのでしょうか?

スイスの金融大手クレディ・スイスによりますと、純資産一〇〇万ドル（約一億円）の富裕層は、

アメリカが一一〇二万三〇〇〇人で世界のトップ、

日本が三五八万一〇〇〇人で世界二位、

だそうです。しかし、これはたんなる富裕層で、超富裕層というのは純資産で五〇〇〇万ドル（約五〇億円）を持っている人です。この超富裕層が本当の金持ちで、こちらのほうは、

アメリカが、三万八〇〇〇人で、世界のトップ、

中国が、四七〇〇〇人で世界二位、
ドイツが、四〇〇〇〇人で世界三位、
日本は、三四〇〇〇人で世界四位、
です（ひろさちや『「貧乏」のすすめ』による）。ともかく五〇億円以上の資産を持っていないと、金持ちとは言えないようです。わたしたちが金持ちになることは、まああきらめたほうがよいでしょう。

そして、この世はご縁の世界です。金持ちがいるから貧乏人がおり、貧乏人がいるから金持ちがいるのです。ということは、誰かが貧乏人にならないと、この世は成り立ちません。では、わたしたちが極楽浄土から娑婆世界に来た理由は、その貧乏人の役割をつとめるためではないでしょうか。どうせ金持ちになれないのであれば、われわれはそう思って自分で自分を慰めるとよいと思います。

だが、わたしたちは、自分を卑下してはいけません。貧乏であることは決して恥ではないのです。

そもそも、金持ちが幸福かといえば、あんがい金持ちは不幸ですよ。優等生の場合に似ていますが、金持ちは自分が貧乏に転落することを恐れています。それで、〈もっと稼がねばならぬ〉と考える。心配で心配でたまらないのです。
そのことは、イエスがはっきり言っています。

イエスは弟子たちに言われた。「はっきり言っておく。金持ちが天の国に入るのは難しい。重ねて言うが、金持ちが神の国に入るよりも、らくだが針の穴を通るほうがまだ易しい」

（「マタイによる福音書」19）

それに対して、

「貧しい人々は、幸いである、
神の国はあなたがたのものである」

（「ルカによる福音書」6）

とイエスは言います。貧乏イコール不幸ではないのです。いや、貧乏人のほうが幸福だ、とイエスは断言するのです。

しかし、わたしたちは、「金持ちイコール不幸、貧乏イコール幸福」と、なにもそこまで言う必要はないでしょう。そこまで言えば、貧乏人の僻《ひが》みと受け取られる虞《おそれ》があります。わざわざこの世に遊びに来た観音菩薩とすれば、この世で金持ちの役割をつとめるか、貧乏人の役割をつとめるかは偶然ないしは縁によって決まるものだと悟ればよいのです。

そしてあなたが金持ち役をつとめることになれば、あなたは幸福な金持ちになるように努力すればよい。たまたまあなたが貧乏人の役割をつとめることになっても、僻んではいけません。卑下してもいけません。あなたは幸せな貧乏人になるように努力すればよいのです。

金持ちで不幸な人は大勢います。金は唸《うな》るほど持っていても、家庭的に不幸な人がいます。

逆に、貧乏でも幸せに生きている人も大勢いる。一九四五年の敗戦直後の日本は、いまよりもっともっと貧しかったが、多くの人が幸せに生きていました。高度経済成長をとげて経済大国になった現在の日本のほうが、わたしは不幸だと思いますね。

＊

どうしても言っておきたいことがあります。それは、

――ノブレス・オブリージュ――

についてです。わたしはいつも口を酸っぱくしてこのことを言うので、わたしの本の愛読者には〈またか……〉と思われそうですが、わたしの本は初めての人もおいでになるので、言っておきます。このフランス語は「高貴なる者の義務」と訳されるもので、高貴なる者、すなわち社会的にステイタス（地位）の高い者は、それだけ義務が大きい――といった意味です。

わたしたちは極楽世界からこの娑婆世界に遊びにやって来ました。

娑婆世界にはいろいろな役割があります。優等生―劣等生、金持ち―貧乏人、勝者―敗者、支配者―被支配者、と、いい役割と損な役割があります。わたしたちにどの役割が与えられるか、それは偶然に左右されて決まります。

そこで忘れてならないのは、いい役割を与えられた者は、義務が大きいということです。いいですか、たとえば一流大学に合格した者がいます。彼は、不合格になった者の無念さの上に立って合格したのです。だから、彼の義務は大きい。彼は、不合格になった人の分まで一生懸命勉強して、その勉強の成果を社会に還元しなければならないのです。それがノブレス・オブリージュです。

これは逆に考えると、不合格者は気楽であっていいのです。

〈俺が落ちてやったから、おまえが合格できたんだぞ。だからおまえは、俺の分まで一生懸命に勉強しろ！　それがおまえの義務だ〉

そう思っていればいい。反対に合格者は、

〈あなたのおかげでわたしは合格できました。ありがとうございます。わたしはあなたの分まで努力させていただきます〉

と、不合格者に対して感謝の気持ちを持つべきです。それがノブレス・オブリージュです。

これは、金持ち―貧乏人の関係においても同じです。金持ちのほうが義務が大きいのです。これは所得税の累進課税の考え方です。高額所得者のほうが税率が高くなります。どうも日本人は、このノブレス・オブリージュがよく分かっていないようです。金持ちがしみったれています。

アメリカで「鉄鋼王」と呼ばれたアンドリュー・カーネギー（一八三五―一九一九）は、生前、

富は神より委託されたもの。

といった言葉をよく口にしていたそうです。彼は巨万の富を得ましたが、その富は神からの一時預かりであるから、われわれがこの世を去るとき、それを神にお返しせねばならないと考えたのです。そして実際、カーネギーは晩年、産業界から引退し、慈善事業をして余生を送りました。

日本の金持ちは、ほとんどがけち臭い人間ですね。彼らは、自分の金を増やすことばかり考えています。金持ちが儲ければ、貧乏人はますます損をすることになります。それがご縁の世界の法則です。

だから、政治家は金持ちが儲からないようにしないといけない。それなのに、自由民主党の政治家は、財界の発展ばかりを考えています。わたしは、われわれは日本の金持ちを軽蔑し、貧乏人の誇りを持って、もっと貧乏を楽しんで生きるべきだと思っています。

ちょっと息巻いてしまいました。お恥ずかしい。これでやめにします。

仏教とシェークスピアと「人生の意味」

シェークスピア（一五六四—一六一六）の戯曲『お気に召すまま』（阿部知二訳）の中に、

「世界はすべてお芝居だ。男と女、とりどりに、すべて役者にすぎぬのだ」

といった台詞がありました。また、『マクベス』（野上豊一郎訳）にも、似たような台詞があります。

「人生は歩く影だ。あわれな役者だ。舞台の上を自分の時間だけ、のさばり歩いたり、じれじれしたりするけれども、やがては人に忘れられてしまう。愚人の話のように、声と怒りに充ちてはいるが、何等の意味もないものだ」

じつはヨーロッパには、人間は神に操られてそれぞれの役柄を演じる役者であり、世界

はそのための舞台である、といった、
――世界劇場（Theatrum mundi）――
の観念が古くからありました。シェークスピアはそれを下敷きに、こうした台詞を書いたのです。

文学論をやるわけではありませんが、『リア王』にも次のような台詞があります。これは拙訳で紹介します。

「われわれは生まれてきたとき泣くだろう、それは、
この阿呆どもの舞台に引摺《ひきず》り出されたのが悲しいからだ」

もう一つ、『ハムレット』（野島秀勝訳）から。

ハムレット　……一体、君らは何をしでかしたんだ、運命の女神の手でこんな牢獄に
送りこまれるとは？
ギルデンスターン　牢獄とおっしゃいますと？

ハムレット　デンマークは牢獄だ。
ローゼンクランツ　もしそうなら、この世もすべて牢獄ということに。
ハムレット　そうとも、立派な牢獄だ。中には牢屋も独房も地下牢も、ごまんとある。
なかでもデンマークは最悪だ。

ハムレットは、この世の中全体が牢獄だと言っています。それは、この世を地獄と認識しているのです。〝地獄〟とは「地下の牢獄」の意味です。われわれ人間はその地獄において、あるときは喜び、あるときは悲しんでいます。それは、そういう役を演じているだけです。

ともあれシェークスピアは、人間は神の命のままに、この世という舞台の上で各自に与えられた役柄を演じている役者にすぎぬ、と認識していました。いわば「演劇人生論」ですね。

◉悩み、悲しみ、苦しむ

ところで、〝演じる〟という言葉は、英語では〝プレイ（play）〟ですね。そして〝プレイ〟を日本語に訳すと「遊ぶ」になります。

そうすると、シェークスピアの「世界劇場における演劇人生論」は、『法華経』（『観音経』）が言っている「娑婆世界に遊ぶ」になります。

わたしはそれに気づいたとき、すごくうれしくなりました。

だが、シェークスピアと仏教（『法華経』）とでは、基本的なところで大きな違いがあります。

それは、シェークスピアは、わたしたちは神の命令によって好むと好まざるとにかかわらず、この世界劇場といった舞台の上に引摺り出されて来た、と考えています。だから、リア王が言うように、誕生の瞬間、悲しいもので大声で泣くのです。また、ハムレットのように、この世を牢獄と思って生きねばなりません。

そして、マクベスが言うように、「人生は歩く影だ。あわれな役者だ。……何等の意味もないものだ」となります。人生は無意味になります。

だが、仏教は違います。

仏教においては、われわれは観音様です。そしてみずからの意思でもって、朝飯前に、極楽世界からこの娑婆世界に遊びに来ているのです。

何のためか……？　それは、この世において苦しみ・悩み・悲しむためです。お浄土にいたのでは学べない「影」を味わうために、わざわざこの娑婆世界に来て、それぞれに与えられた役柄を演じているのです。

したがって、人生に大きな意味があります。

わたしたちは悩み・苦しみ・悲しまねばならない。その悩み・苦しみ・悲しむことが、人生の意味だ。「娑婆世界に遊ぶ」というのは、そういう意味です。

＊

もう少し〝プレイ（play）〟の意味を考えてみましょう。

「労働」は、英語で〝ワーク（work）〟です。しかしこの語は一般的な語で、容易な仕事にも困難な仕事にも用いられる。肉体的な苦痛は伴いますが、少しは精神的な喜びもある仕事・労働を意味します。

それに対して、激しい筋肉労働や骨の折れる肉体労働の場合は〝レイバー（labor）〟を用います。さらに〝トイル（toil）〟もありますが、〝トイル〟のほうは〝レイバー〟よりももっときびしい労働の場合に使われます。〝レイバー〟と〝トイル〟は、肉体的苦痛が大きく、精神的な喜びのない労働です。

それに対して、精神的な喜びが非常に大きい労働の場合は、〝プレイ〟が使われます。芸術家の仕事や学者のする仕事も、精神的な喜びが大きいですね。そのような仕事がプレイです。野球選手がグラウンドでプレイするのも仕事ですね。

さて、極楽浄土からこの娑婆世界にやって来たわたしたちは、この娑婆世界で生きるためには働かねばなりません。労働によって報酬を得て、それによって生計を立てるのです。その労働には、肉体的苦痛が伴います。いやでいやでたまらない労働もあります。精神的喜びがちっとも得られない労働がある。わたしは、この世におけるほとんどの労働が精神的喜びの得られない労働だと思っています。

しかし、われら観音様としては、それがプレイ（遊び）なんです。

わたしたちは、遊びだと思って労働をするとよいと思います。

だが、勘違いしないでください。わたしは、どこかの資本家や経営者が言っているような、

「労働をつらい・いやなものだと思わずに、楽しんで・喜んでやりなさい」

と言っているのではありません。そんなことを言う人は、労働者を誑《たぶら》かし、労働者を喰いものにし、搾取しようとしているのです。そんな言葉に騙されてはいけません。

労働はつらいものです。いやなものです。働くことは苦痛です。われわれは会社で上司に苛められ、仲間と競争させられ、残業があり、場合によっては転勤で単身赴任させられ、精神的にくたくたになります。労働はちっとも喜びなんかじゃない。働かずにすむのであれば、働きたくない。それが本音です。

にもかかわらず、観音様にとっては、それがプレイなんです。

なぜなら、われわれ観音様は、この世で苦しむために来たからです。

そう思って、わたしたちは首にならない程度に手抜きをしながら、生計費を得るために働きましょう。うまく手抜きをするのがプレイですね。こんなことを言うから、ひろさちやは体制側の人々から嫌われるのですね。

与えられた役をしっかり演じる

国際オリンピック競技の創始者のクーベルタン男爵（一八六三―一九三七）の有名な言葉に、

オリンピックの精神は、勝つことではなく参加することである。

があります。クーベルタン男爵はフランス人で、したがってこの言葉も本来はフランス語でしょうが、前回の東京オリンピック（一九六四年）のとき、これが英語で、

――Not to win, but to take part――

と訳されていたのを何かで読みました。そして、〝テイク・パート〟といった表現に感動しました。

たしかに〝テイク・パート〟（正しくはtake part inですが）には、「参加する」といった意味があります。しかし、〝テイク〟には「（仕事などを）引き受ける」の意味があり、

〝パート〟には「(俳優の) 役」といった意味があります。だとすると、〝テイク・パート〟は、

――役柄を引き受ける――

の意味になります。まさに「演劇人生論」であり、「娑婆世界に遊ぶ」です。

だとすると、わたしたちはこの世において、勝者になろうとしてはいけないのです。

もっとも、偶然によって、たまたま勝者の役柄に就いた人は、その勝者の役柄をつとめるとよいでしょう。ただし、その場合でも、ノブレス・オブリージュを忘れてはいけません。勝者になれたのは、大勢の敗者の無念さの上で勝者をつとめさせていただいている。そう自覚して、敗者・弱者に対する慈悲の心を持たねばならない。それが勝者の役柄に就いた者の義務です。

われわれはこの世において、与えられた役柄を演じています。この世はご縁の世界ですから、その役柄は縁によって決まります。たまたまわたしの周囲にいる人たちが弱者であれば、わたしは強者になれます。反対に周囲が強者ばかりであれば、わたしは弱者になります。したがって、強者/弱者、勝ち組/負け組のいずれの役柄に就くかは、周囲との縁によって、偶然に決まるものです。

まあ、それはそうですが、ちょっと話をおもしろくするために、わたしたちは極楽世界からこの娑婆世界にやって来た観音様だから、この娑婆世界で演ずる役柄は阿弥陀仏が決められるものとします。つまり、阿弥陀仏がプロデューサーであり、舞台監督であり、またシナリオ・ライターだとするのです。

そしてわたしたちは俳優です。阿弥陀仏が指定された役柄を、阿弥陀仏が書かれたシナリオ通りに、一生懸命演じる。それがわたしたちの使命です。

少し考えるとお分かりになるでしょうが、舞台にはいろんな役柄の人が登場します。主役だけでは演劇はできません。大勢の脇役が必要です。いい役柄ばかりでなく、悪役・斬られ役・阿呆も必要です。

善人／悪人、金持ち／貧乏人、優等生／劣等生、建康な人／病人……ありとあらゆる人が舞台に立ちます。この世には病人がいないと、医師・薬剤師・看護師は生活できません。犯罪者のおかげで、警察官・裁判官・弁護士が生きてゆけるのです。

かといって、わたしは、「犯罪者になれ！」とみなさんにすすめているわけではありません。ただ、阿弥陀仏の書かれたシナリオには当然、犯罪者が登場し、誰かがその役柄を演じなければなりません。それはまちがいのない事実です。

ところで、犯罪者といえば、わたしたちは悪い人だと考えます。でも、キリスト教のイエスは犯罪者ですよ。彼はユダヤ教を厳しく批判し、そのため犯罪者として十字架の刑に処せられました。また、わが国の浄土宗の開祖の法然、浄土真宗を開いた親鸞、そして日蓮宗の開祖の日蓮（一二二二―八二）は罪人として流罪《るざい》になっています。彼らはまちがいなく犯罪者です。

戦前の日本には「治安維持法」があり、それによって多くの共産党員・皇道大本教・天理本道教・キリスト教の灯台社の人たちが弾圧され、犯罪者とされました。

法律が犯罪者をつくるのです。法律のうちには悪法もあります。江戸時代、徳川綱吉（一六四六―一七〇九）が発した「生類憐《あわれ》みの令」などは悪法中の最たるもので、犬をはじめ鳥獣を殺傷したために犯罪者とされ、死刑や遠島にされたり、投獄された民衆が大勢います。果たして犯罪者は悪人でしょうか？

でも、人を殺すような人間は悪人だろう。そう言われる人もおられます。では、戦争で人を殺すのはどうなりますか?!　また、現在の日本の法律では死刑を認めています。国家が人を殺すのが死刑です。死刑を黙認している日本人が、どの面《つら》を下げて「人を殺すのは悪いことだ」と言えるでしょうか?!

◉親鸞のパラドクス

その「善人／悪人」については、親鸞が言っています。

善人なをもて往生をとぐ、いはんや悪人をや。

（『歎異抄』第三段）

普通、常識的には、阿弥陀仏は悪人でさえも救われるのだ。だから善人が救われるのはあたりまえ、となります。だが親鸞はそれを逆にして、阿弥陀仏は善人でさえも救われるのだから、悪人を救われるのは当然ではないか、と言っているのです。明らかにパラドックス（逆説）です。なぜ親鸞はそのようなパラドックスを言うのでしょうか？

じつは親鸞は、『歎異抄』の「結文」において、次のように語ったことが記されています。

聖人のおほせには、善悪のふたつ惣《そう》じてもて存知《ぞんじ》せざるなり。そのゆへは、如来の御《おん》こゝろによしとおぼしめすほどにしりとをしたらばこそ、よきをしりたるにてもあらめ、如来のあしとおぼしめすほどにしりとをしたらばこそ、あしさをしりたるにてもあらめど、煩悩具足の凡夫、火宅無常の世界は、よろづのことみなもてそらごとたわごと、まことあることなきに、たゞ念仏のみぞまことにておはしますとこそ、おほせはさふらひしか。

〈親鸞聖人の仰せには、「善悪の二ついて、自分は何も知らぬ。なぜかといえば、いったい善とは何か、それを阿弥陀如来がどう考えておられるかが分かったとき、わたしは善を知ったことになる。阿弥陀如来が悪をどう考えておられるか、それが分かったとき、わたしは悪を知ったことになる。けれども、われらは煩悩にまみれた凡夫であり、この世界は無常の火宅であって、すべてが嘘いつわり、真実は何一つない。その中でただ念仏だけが真実である」と言われたのであった〉

この世は虚仮《こけ》の世界であり、わたしたちは煩悩だらけの凡夫です。そんなわたしが、何が善であり、何が悪であるかが分かるでしょうか?!　親鸞は結婚をして、夫婦がともに助け合いながら仏道を歩もうとしました。その彼を国家権力は悪人＝犯罪者として流罪にしたのです。この世における善／悪なんて、その程度のものです。彼はそう言うのです。

とすれば、この世における善人は、権力に媚び諂《へつら》いながら、〈俺は善人なんだ〉と自惚《うぬぼ》れ、弱者を苛《いじ》めている人間です。まことに唾棄すべき人間です。

そんな唾棄すべき人間でも、阿弥陀仏は救われるでしょう。

そうであれば、権力によって虐げられ、虫けらのように扱われた弱者・悪人を、阿弥陀仏が救われないはずがありません。なぜなら阿弥陀仏がシナリオの都合上、その人に悪人・弱者のつらい役柄を与えられたからです。

「おまえに、あんな役柄を与えて、すまなかったね。つらかっただろう……」

きっと阿弥陀仏はそう言ってくださる。親鸞はそのように信じました。それが、

「善人なをもて往生をとぐ、いはんや悪人をや」

の言葉です。わたしはそう解釈します。

＊

ともあれわたしたちは、この娑婆世界に来て、いろいろな役柄を演じているのです。いい役柄もあれば、悪い役柄もあります。主役もあれば脇役もあります。

それがどんな役柄であっても、わたしたちは与えられた役柄をしっかりと演じる。それが「娑婆世界に遊ぶ」遊び方だと思います。

5章

人は死んでもまた会える

執着を捨てて生きる

『トマスによる福音書』に、次のようなイエスの言葉が伝えられています。

イエスが言った、「過ぎ去り行く者となりなさい」

トマスというのは、イエスの弟子の一人で、イエスの死後、師の教えをインドに伝道した人物です。

「ヨハネによる福音書」(20)には、復活したイエスが弟子たちの前に姿を現わしたことが報告されています。しかし、そのとき、たまたまトマスは外出していました。戻って来たトマスに、ほかの弟子たちが、「わたしたちは主を見た」と言います。

するとトマスは、

「あの方の手に釘の跡を見、この指を釘跡に入れてみなければ、また、この手をそのわき腹に入れてみなければ、わたしは決して信じない」

と言いました。イエスが十字架に処せられたとき、その手は釘で十字架に打ちつけられたから釘跡があるはずだし、イエスが死んだか否かを確めるため、兵士の一人がイエスの脇腹を槍で突きました。だから脇腹には、その跡があるはずです。トマスは自分でそれを確認しないうちは、イエスの復活を信じないと言っているのです。

だが、これには後日談があります。「ヨハネによる福音書」は続けて報告しています。

さて八日の後《のち》、弟子たちはまた家の中におり、トマスも一緒にいた。戸にはみな鍵がかけてあったのに、イエスが来て真ん中に立ち、「あなたがたに平和があるように」と言われた。それからトマスに言われた。「あなたの指をここに当てて、わたしの手を見なさい。また、あなたの手を伸ばし、わたしのわき腹に入れなさい。信じない者ではなく、信じる者になりなさい。」トマスは答えて、「わたしの主、わたしの神よ」と言った。イエスはトマスに言われた。「わたしを見たから信じたのか。見ないのに信じる人は、幸いである」

これで見ると、トマスはちょっと疑い深い弟子であったようです。たぶんそのためでしょう、トマスによって書かれた『福音書』は、カトリック教会から異端の書として排斥されました。それで長いあいだ世に知られていなかった。

ところが一九四五年にエジプトで写本が発見され、「新発見の福音書」として世界にセンセーションをまき起こしました。講談社学術文庫に荒井献《ささぐ》氏による翻訳があるので、興味のある人は読んでください。

トマスがインドに伝道したもので、ムガル帝国第三代のアクバル帝（一五四二―一六〇五）によって建てられた北インドの町、ファティープル・シークリーの城門には、次のようなイエスの言葉が刻されているそうです。わたしはこの言葉を聖書学者の荒井献先生から教わりました（ひろさちや・荒井献共著『ひろさちやが聞く新約聖書』すずき出版）。

この世は橋である。
渡ってゆきなさい。

しかし、そこに
棲家を建ててはならない。

いい言葉ですね。イエスは、この世は仮の宿だと言うのです。わたしたちは過ぎ去り行く者とならねばならない。橋を渡って行く人間にならねばならないのです。

ということは、われわれはこの世に執着してはならないのです。橋の上に豪邸を建てようとしてはいけません。たとえあなたが豪邸を建てたとしても、あなたがそこに住める期間はごくわずか。あなたはその豪邸を捨ててあの世に逝かねばならない。そのとき、あなたが豪邸に住んでいれば、それに対する執着が大きくなり、この世を去りがたく思うでしょう。

だからイエスは、「金持ちが天の国に入るのは難しい」と言ったのです。そして、「貧しい人々は、幸いである」と言いました。この世を去って逝かねばならぬわたしたちですから、この世に豪邸を建てないほうがよいのですね。

＊

わが国、曹洞宗の開祖の道元（一二〇〇―五三）が、学道の人は先須《まずすべから》く貧《ひん》なるべし。財おほければ必ず其の志《こころざし》を失ふ。

(『正法眼蔵随聞記』三)

と言っています。学道の人とは、仏教の道を学んでいる人、すなわち仏教者です。仏教者は貧しくなければならない。なまじ財産を持っていると、仏道を歩む決意が鈍る。道元はそう主張しています。

仏教者は、この世に豪邸を建てるな、ということですね。

じゃあ、財産を多く持っている人は、どうすればよいのでしょうか? 簡単です。捨ててしまえばいいのです。

その「捨てる」を徹底的に実践したのが、時宗の開祖の一遍《いっぺん》(一二三九―八九)です。彼は妻子はもちろん、寺をも持たず、全国を遊行《ゆぎょう》(巡歴)します。そのため彼は遊行上人と呼ばれ、すべてを捨て去ったところから、

――捨聖《すてひじり》――

と呼ばれました。最後には、所持していた経典書籍までも、『阿弥陀経』を読みながら

焼き捨てています。

でも、いくらなんでも、わたしたちは一遍のように捨てられません。

その点については、一遍は次のように言っています。

「又云《いわく》、念仏の機に三品《さんぼん》あり。上根は、妻子を帯し家に在《あり》ながら、著《じゃく》せずして往生す。中根は、妻子をすつるといへども、住処と衣食《えじき》とを帯して、著せずして往生す。下根は、万事を捨離して、往生す」（『一遍上人語録』）

〔また言われた、念仏者の能力を三種に分かつことができる。最も能力の高い者は、妻帯し子どもを持ち、在家の身でありつつ、何ものにも執着しないで往生する。中程度の人は、妻子は捨てるが、衣食住は確保して、執着しないで往生する。最低の能力の者は、すべてを捨てて往生する〕

一遍がこれを言ったとき、彼の頭の中には、上根（最も能力の高い）の念仏者として親鸞のイメージがあったようです。親鸞は結婚生活を送りながら、念仏者として生きました。

次に中根（中程度）の念仏者としては、法然がいます。法然は妻帯はしていませんが、寺に住んでいます。

最後の下根の人は一遍自身です。

「我等は下根のものなれば、一切を捨《すて》ずは、定《さだめ》て臨終に諸事に著して往生をし損ずべきなりと思ふ故に、かくのごとく行ずるなり」

〔わたしは下根の者であるから、すべてを捨てておかないと、きっと臨終のときにあれこれ執着し、往生に失敗すると思うから、このようにあらかじめすべてを捨てているのだ〕

先の引用に続けて一遍はそう言っています。**この世に執着していると、われわれはお浄土に帰ることはできないよ。**一遍はそう考えていたのです。

とすると、大事なことは、この世に執着しないことです。

けれども、わたしたちは、一遍のようにすべてを捨てることはできません。また、法然のようにもなれません。わたしたちにできるのは、親鸞のような在家の仏教者の生き方です。

といっても、わたしたちは親鸞のような上根の人ではありません。が、モデルとしては親鸞を選ぶよりほかないでしょう。

つまり、できるだけこの世に執着しないで生きるのです。この世に豪邸を建てずに――その点では、われわれに豪邸を建てるだけの資力がありませんから、大丈夫です――この世が終れば、すんなりとお浄土に帰ることにしましょう。

煩悩だらけで生きていい

夏目漱石（一八六七—一九一六）が、明治二十七年（一八九四）に、次の句を詠んでいます。

何となう死《しに》に来た世の惜まる丶

わたしは、この句は漱石の辞世の句ではないかと思っていたのですが、明治二十七年といえば漱石が東京大学英文科を卒業したのち、松山中学校教師に赴任する前年です。若いころの句なんですね。

でも、わたしはこの句が好きです。人生に対する哀感があふれた句だと思います。

＊

わたしたちはもうすぐお浄土に帰ります。

わたしはいま七十八歳ですから、わたしの残りの時間はあとわずかです。もうすぐわたしはお浄土に帰ります。

けれども、前にも述べましたが、お浄土の時間の単位は娑婆世界のそれとは大きく違っています（一〇二ページ参照）。お浄土の二、三十分が、娑婆世界の千年、万年に相当する。だとすると、わたしたちすべての人が、お浄土の時間でいえばもうすぐお浄土に帰ることになります。

そして、お浄土に帰ると、わたしたちは父母や祖父母、兄弟姉妹と再会することができます。親しかった友人とも会えます。いやそれよりも、阿弥陀仏に拝謁《はいえつ》でき、その説法を親しく聴聞させていただけます。

あなたはうれしいですか……？

そう問われて、本当であれば、「はい、うれしいです」と答えるべきですね。お浄土はわたしたちの故郷・ふるさとなんだから、お浄土に帰ることがうれしくないはずがありません。

だが、なぜか「はい、うれしいです」の言葉がすぐさま出てきません。「まあ、うれしいといえばうれしいのですが……」と、口を濁してしまいます。

どうしてでしょうか？

だって、お浄土には、あの憎らしいお姑さんがいるから……と言わないでください。その点については、すでに論じておきました。お浄土に往けば、そこには阿弥陀仏がおいでになります。阿弥陀仏が教えを説いておられます。お浄土の人々は阿弥陀仏の弟子となって、その説法を聴聞しています。したがって、そこには「憎っくきお姑さん」はいません。そこにいるのは仏弟子です。そしてあなたも仏弟子になるのだから、みんなが兄弟弟子なんです。お浄土には会いたくない人がいるから、わたしはお浄土なんかに往きたくない。そういう理由は成り立ちません。

では、われわれはお浄土に往けるのを喜ぶべきなのに、なぜそれを喜べないのでしょうか？　じつはそのことを、親鸞の弟子の唯円《ゆいえん》が師に尋ねています。

念仏まふしさふらへども、踊躍歓喜《ゆやくかんぎ》のこゝろおろそかにさふらふこと、またいそぎ浄土へまひりたきこゝろのさふらはぬは、いかにとさふらうべきことにてさふらうやらんと、まふしいれてさふらひしかば、親鸞もこの不審ありつるに、唯円房おなじこゝろにてありけり。

（『歎異抄』第九段）

〔「念仏はお称えしているのですが、天に踊り地に舞うほどの喜びが湧きでてきません。それに急いでお浄土へ往きたい気もしないのですが、これはどう考えればよいでしょうか」と問い尋ねましたところ、親鸞聖人は次のように答えてくださいました。

「親鸞にだってそれは疑問であったのだが、唯円房よ、あなたも同じ疑問を持っていたのだね」〕

親鸞は、「わたしもそれは疑問に思っていた」と、弟子の問いを肯定します。「それはお念仏が足りないからだ。もっと心をこめたお念仏をしなさい」と、弟子を叱るようなことはしません。そこが親鸞のいいところです。

そのあと、親鸞は次のように続けています。原文なしで、現代語訳だけにします。

「しかし、よくよく考えてみれば、天に踊り地を舞うほど喜ぶべきことを喜べないからこそ、むしろ往生が確定したと考えるべきではなかろうか。喜びを抑《おさ》えて喜ばせぬようにしているのは、煩悩のせいなのだ。

ところが、仏はその点をあらかじめ知ったうえで、われわれを〝煩悩を持った凡夫〟

と言っておられるのであり、それ故に仏の他力の悲願はこのようなわたしたち凡夫のためのものであったと納得ができ、ますます安心できるのである。

また、お浄土に急いで参りたい心がなく、ちょっとした病気にでもなれば、死にはせぬかと心細くなるのも、それも煩悩のためである。

はるけき時間の彼方から現在まで流転輪廻《るてんりんね》してきたこの迷いの世界は捨てにくく、まだ見たことのない極楽浄土は恋しくないということは、本当によくよく煩悩が強いのだね。けれども、いくら名残惜しいと思っても、この娑婆世界の縁が尽きて、静かに生命の火の消えるときには、わたしたちはお浄土に往けるのだよ。そしてまた、仏は、急いでお浄土に往きたいと思わない凡夫のことを、ことさらに心配してくださっているのだ。だからこそ、わたしたちは仏の大悲願のありがたさを確信でき、往生はまちがいなしと信じられるのだ。

天に踊り地に舞うほどの喜びがあり、急いでお浄土に参りたいと思うようであれば、かえって自分には煩悩なんてないのではないかと疑わしくなりはしないだろうか」と、親鸞聖人は言われました。

すごく長い引用になりました。親鸞が言っているのは、

――すべては煩悩のせいなんだ――

ということです。急いでお浄土に往きたいとは思わない。ちょっとした病気で、〈死にはしないか……〉と心配になる。それはこの世に執着しているからです。その執着が煩悩です。

だが、考えてみれば、わたしたちはその煩悩を学ぶために、わざわざこの娑婆世界にやって来たのですね。だから、煩悩のあることは、ちっとも悪いことじゃありません。

この娑婆世界では、煩悩だらけで生きていいのです。

「死ぬのはいやだ！　死にたくない！　死にたくない！」

とわめきながら、のたうちまわって生きるとよいのです。

それでも、

　なごりおしくおもへども、娑婆の縁つきて、ちからなくしておはるときに、かの土へはまひるべきなり。

なんです。

この娑婆での縁が尽きたとき、阿弥陀仏がわたしたちをお浄土へ召還してくださる。それを信じて待っていればよい。親鸞はそう言っています。

思い出というお土産

そしてお浄土に帰ったら、わたしたちはなつかしい人に再会できます。

ちょっと私事を語らせてください。

わたしの祖母は芸者屋を営んでいましたが、父は芸者屋を飛び出て薬剤師になりました。父は長男でした。長男が外に出たので、祖母は淋しかったのでしょう、長男の家に生まれた長男であるわたしを自分の所に連れて行って育てました。だからわたしは、三歳のときから芸者遊びをして育ったのです。と、これは冗談です。

そして父は、わたしの九歳のときに兵役にとられ、敗戦後はシベリアに抑留され、そこで死んでいます。したがって、わたしにはあまり父の記憶がありません。でも、わたしがお浄土に往けば、その父に会うことができます。わたしはそれを楽しみにしています。

母は二〇一二年に九十六歳で亡くなりました。大往生でした。

その母が八十歳のとき、夫（わたしの父）の五十回忌を営みました。そのとき、わたしは母に言いました。

「お母ちゃんはもうすぐお浄土に往くやろ。お浄土に往ったら、お父ちゃんは、『こんな婆《ばあ》さんは知らんわ。あんたは誰ですか？』

と言うで……」

だって、母が夫と別れたのは、母の三十歳のときです。若いピチピチした女性です。それが八十歳（実際に死んだのは九十六歳）の老婆になっているのだから、「知らんわ」と言われますよね。わたしがそんなふうに母をからかうと、「そうやなあ……」と、母はちょっと淋しそうでした。

わたしは東京に住んでいますが、母は大阪でわたしの妹と一緒に住んでいました。その妹がこう教えてくれました。

「兄ちゃん、あの晩、お母ちゃんはごそごそ捜し物をして、自分がお父ちゃんと見合いをしたときの見合い写真を出して来たんや。そして、

『わてが死んだら、この見合い写真を棺桶の中に入れておいてな。お浄土に行ったら、お父ちゃんに、〝わたし、これですねん〟と見せるからな』

と言うてたで……」

もちろん、その見合い写真を棺桶に入れてやりました。母はお浄土で、夫にそれを見せ

て、「わたし、これですねん」とやったと思います。

祖母には、お浄土でわたしは謝らねばなりません。

父のいないわが家において、母と祖母は嫁と姑の関係です。そんなに仲が悪かったわけではありませんが、それでも対立はあります。わたしは長男なもので、嫁と姑との板挟みになり悩みました。ときには母を叱り、ときには祖母を叱らねばなりません。わたしをかわいがってくれたおばあちゃんを叱らねばならない。ある意味では、相当におばあちゃんを苛めました。

「ごめんね」

わたしはおばあちゃんにそう言うつもりです。仏弟子になっている祖母は、きっとわたしを赦してくれます。

「娑婆の世界では、みんなが善意を持ちながら対立するんだよ。良彦（わたしの本名です）、あんただけが悪いんじゃない。おばあちゃんかて、よくない点があった。気にしないでいいんだよ」

祖母はわたしにそう言ってくれるでしょう。わたしはそう信じています。

お浄土には、大勢の友人、知人がいます。再会を喜び合える知人もたくさんいますが、こちら

が謝罪しなければならない人もいます。腹を立てて喧嘩をした相手もいるし、こちらが苛められた相手もいます。

でも、お浄土に往けばみんな仏弟子になっているのですから、きっと和解できるでしょう。わたしはそれを信じています。

＊

そうなんです、お浄土は再会の土地です。わたしたちはお浄土に帰ったら、そこで有縁の人々と再び会うことができます。

なつかしい人との再会。会いたかった人に再び会える。うれしいですね。

そうしてわたしたちはお浄土で、先にお浄土に往っておられる人と娑婆世界で別れたあとの自分の人生を報告します。

あなたと別れたあと、わたしはこんな苦労をしました。あんな苦労もしました。悲しみの涙を流しました。

そして、こんなうれしいこともありましたよ。

また、こんな失敗もしました。

……いろいろと思い出話に花が咲くでしょう。そのような、

――思い出――

がお浄土へのお土産になります。どっさりお土産を持ってお浄土へ帰りましょう。

それ故、すでにお浄土に帰られた人に、この世に残ったわたしたちは、何もする必要はありません。

年回法要だとか追善法要だとか、墓参りなんて不必要。お浄土の人はすでに仏弟子なんです。仏の教えを聴聞し、仏道を歩んでおられます。**お浄土の人は、仏が面倒を見てくださるのだから、わたしたちは忘れていていいのです。忘れていても、お浄土に帰ったとき、再び会えます。安心してください。**

それよりも、わたしたちがなすべきことは、お浄土へのお土産、つまり思い出をいっぱいつくることです。悲しみの体験・苦しみの体験・つらかったこと・失敗したこと、それらがお土産になります。

自慢話はお土産にならないでしょう。この世において自慢になることは、お浄土においてはあまり自慢になりません。

だってこの世はご縁の世界です。そこにおいては、わたしの成功はたいてい他人の無念さの上でのものです。「わたしは娑婆で巨万の富を築きました」と報告しても、お浄土の人はかえってあなたを軽蔑するでしょう。巨万の富を築いた人は、それだけ貧乏人を苛めたことになります。

それよりは、あなたの失敗談のほうが、いいお土産になります。

娑婆世界においては、苦労話をどっさりつくりましょう。

そして、お浄土に帰れば、この世で怨み・憎んだ人とも会います。

でも、大丈夫。きっとその人が、

「あのときは、すまなかったね」

と、あなたに謝ってくれるでしょう。そのとき、あなたは素直に、

「いいえ、わたしのほうにも至らぬ点がありました。すみません」

と言うことができます。**お浄土に往けばみんな仏弟子ですから、互いに赦し合うことができるのです。**

また、わたしのほうに原因があって、それで娑婆世界で対立した人もいます。そういう人とお浄土で再会します。そのとき、わたしは、

「すまなかった。俺が悪かった」

と、素直に謝ることができるでしょう。すると相手は赦してくれます。わたしはそれを

信じています。

ですから、この娑婆世界においては、対立した人と無理に和解しようとしないほうがよいと思います。たとえば、嫁と姑が対立し、そして和解するために一方が謝ったとします。すると相手が、

「いまごろ、ようやく気がついたのかい?!」

と応じる。謝ったほうはカチンときます。よけいに腹が立ち、対立が陰湿化します。職場の仲間との喧嘩だって、そういうケースが数多くあります。

この世においては、本質的な和解はないと考えるべきです。なぜならこの世はご縁の世界だからです。

ですから、この世においては、怨み・憎しみの火を大きくしないように心掛けるだけでいいと思います。

火が燃えるのは、薪《まき》を補給するからです。謝るということは、かえって薪を補給することになるかもしれません。この世においては、怨み・憎む相手のことをできるだけ考えないようにするだけでいいでしょう。

そして、お浄土に帰ってから、お詫びをすればいいでしょう。

*

お浄土は、わたしたちの心の中にあります。

愛した人とお浄土で再会できる――

怨み・憎んだ人ともお浄土で和解できる――

そう信じたとき、わたしたちの心の中にお浄土があります。

そして、いつの日か、そのお浄土にわたしたちは帰るのです。いや、もうすぐですね。

もうすぐ、わたしたちはお浄土で有縁の人々と会うことができるのですね。

本書は青春新書プレイブックスのために書き下ろされたものである

青春新書
PLAYBOOKS

人生を自由自在に活動《プレイ》する

人生の活動源として

いま要求される新しい気運は、最も現実的な生々しい時代に吐息する大衆の活力と活動源である。

文明はすべてを合理化し、自主的精神はますます衰退に瀕し、自由は奪われようとしている今日、プレイブックスに課せられた役割と必要は広く新鮮な願いとなろう。

いわゆる知識人にもとめる書物は数多く窺うまでもない。

本刊行は、在来の観念類型を打破し、謂わば現代生活の機能に即する潤滑油として、逞しい生命を吹込もうとするものである。

われわれの現状は、埃りと騒音に紛れ、雑踏に苛まれ、あくせく追われる仕事に、日々の不安は健全な精神生活を妨げる圧迫感となり、まさに現実はストレス症状を呈している。

プレイブックスは、それらすべてのうっ積を吹きとばし、自由闊達な活動力を培養し、勇気と自信を生みだす最も楽しいシリーズたらんことを、われわれは鋭意貫かんとするものである。

―創始者のことば―　小澤和一

著者紹介

ひろさちや

1936年大阪府生まれ。宗教評論家。東京大学文学部印度哲学科卒業。同大学院人文科学研究科印度哲学専攻博士課程修了。気象大学校教授を経て、大正大学客員教授。「仏教原理主義者」を名乗り、本来の仏教を伝えるべく執筆、講演活動を中心に活躍中。
主な著書に、ベストセラー『終活なんておやめなさい』、『こんな長寿に誰がした!』(ともに青春新書プレイブックス)、『「狂い」のすすめ』(集英社新書)、『〈法華経〉の世界』(佼成出版社)などがある。

人《ひと》は死《し》んでもまた会《あ》える　青春新書 PLAYBOOKS

2015年2月10日　第1刷

著者　ひろさちや

発行者　小澤源太郎

責任編集　株式会社プライム涌光

電話　編集部　03(3203)2850

発行所　東京都新宿区若松町12番1号 〒162-0056　株式会社青春出版社

電話　営業部　03(3207)1916　振替番号　00190-7-98602

印刷・図書印刷　製本・フォーネット社

ISBN978-4-413-21031-7